access

5

VOKABELTASCHENBUCH

| Abschlussband |

Vokabeltrainer-App

Verfügbar für: iOS, Android und Windows Phone

Hier siehst du, wie das **Vocabulary** aufgebaut ist:

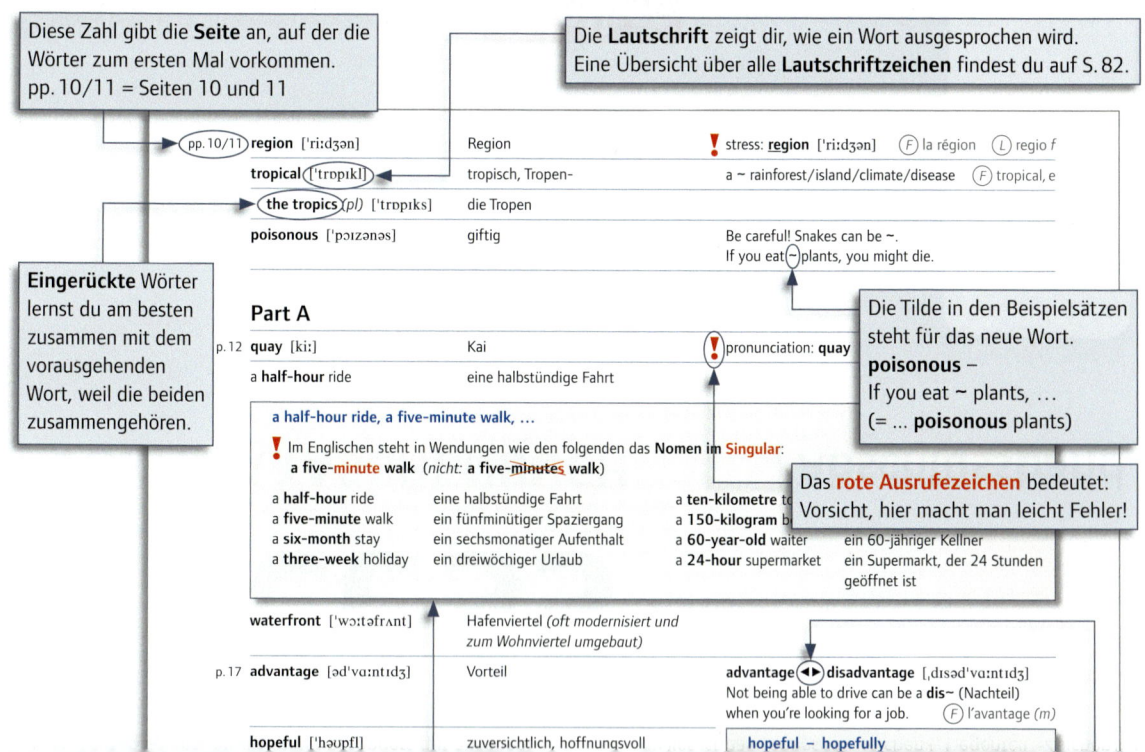

Diese Zahl gibt die **Seite** an, auf der die Wörter zum ersten Mal vorkommen.
pp. 10/11 = Seiten 10 und 11

Die **Lautschrift** zeigt dir, wie ein Wort ausgesprochen wird. Eine Übersicht über alle **Lautschriftzeichen** findest du auf S. 82.

pp. 10/11 region ['riːdʒən] — Region — ❗ stress: **region** ['riːdʒən] Ⓕ la région Ⓛ regio f

tropical ['trɒpɪkl] — tropisch, Tropen- — a ~ rainforest/island/climate/disease Ⓕ tropical, e

the tropics *(pl)* ['trɒpɪks] — die Tropen

poisonous ['pɔɪzənəs] — giftig — Be careful! Snakes can be ~.
If you eat ~ plants, you might die.

Eingerückte Wörter lernst du am besten zusammen mit dem vorausgehenden Wort, weil die beiden zusammengehören.

Part A

p. 12 quay [kiː] — Kai — ❗ pronunciation: **quay**

a half-hour ride — eine halbstündige Fahrt

Die Tilde in den Beispielsätzen steht für das neue Wort.
poisonous –
If you eat ~ plants, …
(= … **poisonous** plants)

> **a half-hour ride, a five-minute walk, …**
>
> ❗ Im Englischen steht in Wendungen wie den folgenden das **Nomen** im **Singular**:
> **a five-minute walk** (*nicht:* a five-minutes walk)
>
> a **half-hour** ride — eine halbstündige Fahrt
> a **five-minute** walk — ein fünfminütiger Spaziergang
> a **six-month** stay — ein sechsmonatiger Aufenthalt
> a **three-week** holiday — ein dreiwöchiger Urlaub
>
> a **ten-kilometre** to...
> a **150-kilogram** b...
> a **60-year-old** waiter — ein 60-jähriger Kellner
> a **24-hour** supermarket — ein Supermarkt, der 24 Stunden geöffnet ist

Das **rote Ausrufezeichen** bedeutet: Vorsicht, hier macht man leicht Fehler!

waterfront ['wɔːtəfrʌnt] — Hafenviertel *(oft modernisiert und zum Wohnviertel umgebaut)*

p. 17 advantage [ədˈvɑːntɪdʒ] — Vorteil — **advantage** ◀▶ **disadvantage** [ˌdɪsədˈvɑːntɪdʒ]
Not being able to drive can be a **dis~** (Nachteil) when you're looking for a job. Ⓕ l'avantage *(m)*

hopeful ['həʊpfl] — zuversichtlich, hoffnungsvoll — **hopeful – hopefully**

Diese **Kästen** solltest du dir immer besonders gut ansehen: Hier sind Vokabeln zu einem bestimmten Thema zusammengestellt. Oder du erfährst mehr über ein Wort und wie es verwendet wird.

Dies ist das „*opposite*"-Zeichen („Gegenteil"-Zeichen): **advantage** und **disadvantage** sind *opposites*.

Im **Vocabulary** werden folgende **Abkürzungen** verwendet:

p. = page (Seite) · pp. = pages (Seiten)

sth. = something (etwas) · sb. = somebody (jemand)

jn. = jemanden · jm. = jemandem

pl = *plural* (Mehrzahl) · *adj* = *adjective* · *adv* = *adverb* · *conj* = *conjunction* · *prep* = *preposition*

BE = *British English* · *AE* = *American English* · *AusE* = *Australian English*

infml = *informal* (umgangssprachlich) · *fml* = *formal* (formell, förmlich)

(F) = *verwandtes Wort im Französischen* · (L) = *verwandtes Wort im Lateinischen*

- Eine Liste der **unregelmäßigen Verben** steht auf den Seiten 74–80.
- **Hinweise zu *false friends*,** bei denen man leicht Fehler macht, stehen auf S. 81.
- Eine Übersicht über die **Lautschriftzeichen** und das englische **Alphabet** findest du auf S. 82.

Unit 1 Australia, country and continent

region [ˈriːdʒən]	Region	❗ stress: **region** [ˈriːdʒən]	Ⓕ la région　Ⓛ regio f
bush [bʊʃ]	Busch, Strauch *(auch: unerschlossenes, „wildes" Land in Australien u. Afrika)*		
coral [ˈkɒrəl]	Koralle; Korallen-	❗ stress: **coral** [ˈkɒrəl]	
kangaroo [ˌkæŋɡəˈruː] *(AusE infml:* **roo**)	Känguru	❗ stress: **kangaroo** [ˌkæŋɡəˈruː]	
the outback [ˈaʊtbæk]	das Hinterland Australiens		
spider [ˈspaɪdə]	Spinne	**spiders**	
coastal [ˈkəʊstl]	Küsten-	Plymouth is a ~ town in England.	
exotic [ɪɡˈzɒtɪk]	exotisch	We saw lots of ~ animals at the zoo.	Ⓕ exotique
humid [ˈhjuːmɪd]	feucht, feuchtwarm	We get a lot of rain here in the summer, so it's often very ~. **humid ◄► dry**	Ⓕ humide　Ⓛ umidus
remote [rɪˈməʊt]	abgelegen, abgeschieden	We stayed in a ~ village 60 miles from the nearest town.	Ⓛ remotus
stunning [ˈstʌnɪŋ]	atemberaubend, überwältigend, umwerfend	= wonderful, amazing, fantastic　Don't they look ~ in their wedding clothes?	

tropical ['trɒpɪkl]	tropisch, Tropen-	a ~ rainforest/island/climate/disease (F) tropical, e
the tropics (pl) ['trɒpɪks]	die Tropen	
urban ['ɜːbən]	städtisch, Stadt-	**Urban** planners think about the future of towns and cities. (F) urbain, e (L) urbanus
Aboriginal [ˌæbəˈrɪdʒənl]	Aborigine- (die Ureinwohner/-innen Australiens betreffend)	~ artists/culture; the ~ population

the **Aboriginal** flag

camel ['kæml]	Kamel	❗ stress: **camel** ['kæml]
convict ['kɒnvɪkt]	Sträfling, Strafgefangene(r)	
koala [kəʊˈɑːlə]	Koala	a **koala**

poisonous ['pɔɪzənəs]	giftig	Be careful! Snakes can be ~. If you eat ~ plants, you might die.
exchange [ɪksˈtʃeɪndʒ]	Austausch	There are some ~ students from France at our school. (F) l'échange (m)

Part A

p. 12 **flight** [flaɪt]

Flug

verb: (to) **fly, flew, flown** – noun: **flight**
an **in-flight** magazine/meal
(Bordmagazin/Bordmahlzeit)

---

lively ['laɪvli]

lebendig, lebhaft

My grandma is still very ~ at 75. She goes
dancing twice a week.

---

historical [hɪˈstɒrɪkl]

historisch, geschichtlich

The town's main ~ attraction is a 12th century castle.
Ⓕ historique Ⓛ historia, -ae f

---

quarter ['kwɔːtə]

Viertel (*auch*: Stadtviertel)

The student ~ has a lot of pubs and cafés.
Ⓕ le quartier

(to) settle ['setl]

sich niederlassen, sich ansiedeln

When the Romans ~**d** in Britain, they built roads and
towns.

---

trendy ['trendi]

modisch, angesagt, „in"

Everyone is talking about this ~ new restaurant in
George Street.

---

business ['bɪznəs]

Geschäft, Geschäfts-;
Unternehmen, Betrieb

Business was good. (Die Geschäfte liefen gut.)
a ~ trip/lunch (Geschäftsreise/-essen)
Mike started his own ~ when he was 17.

---

district ['dɪstrɪkt]

Gegend, Bezirk, Viertel

There are lots of skyscrapers in Sydney's business ~.

---

flying fox [ˌflaɪɪŋ ˈfɒks]

Flughund

a **flying fox**

fox [fɒks]

Fuchs

a **fox**

opera [ˈɒprə]	Oper	(F) l'opéra (m)
quay [kiː]	Kai	❗ pronunciation: **quay** [ˈkiː] (F) le quai
a **half-hour** ride	eine halbstündige Fahrt	

---

a half-hour ride, a five-minute walk, …

❗ Im Englischen steht in Wendungen wie den folgenden das **Nomen** im **Singular**:
a five-minute walk (*nicht:* a five-minutes walk)

a **five-minute** walk	ein fünfminütiger Spaziergang	a **ten-kilometre** tour	eine Zehn-Kilometer-Tour
a **half-hour** ride	eine halbstündige Fahrt	a **150-kilogram** bear	ein 150 Kilo schwerer Bär
a **six-month** stay	ein sechsmonatiger Aufenthalt	a **60-year-old** waiter	ein 60-jähriger Kellner
a **three-week** holiday	ein dreiwöchiger Urlaub	a **24-hour** supermarket	ein Supermarkt, der 24 Stunden geöffnet ist

---

waterfront [ˈwɔːtəfrʌnt]	Hafenviertel (*oft modernisiert und zum Wohnviertel umgebaut*)	
(to) **guide** [gaɪd]	führen	verb: (to) **guide** adj: **guided** – a **guided tour** through the city noun: **guide** 1. Fremdenführer/in; Reiseleiter/in; 2. (*auch:* **guidebook**) Reiseführer
honest [ˈɒnɪst]	ehrlich	Be ~ with me! Say what you really think. ❗ silent "**h**": **honest** [ˈɒnɪst] (L) honestus
take (**on** sth.)	Einstellung, Meinung (zu etwas)	What's your ~ **on** this new band?

(to) **catch** a bus/ferry/…	einen Bus/eine Fähre nehmen; einen Bus/eine Fähre (noch) erwischen	Walk to the waterfront and ~ a bus to the city centre. If we run we might still be able to ~ the ferry.
scenic ['siːnɪk]	(landschaftlich) schön	Let's take the ~ coastal route, not the main road.
(to) **transform** [træns'fɔːm]	verwandeln; umwandeln	They're planning to ~ the station into an art gallery. (F) transformer (L) transformare
landmark ['lændmɑːk]	Wahrzeichen	St Paul's Cathedral is one of London's ~s.
paradise ['pærədaɪs]	Paradies	❗ stress: **pa**radise ['pærədaɪs] (F) le paradis
bay [beɪ]	Bucht	a beautiful **bay** (F) la baie
p. 13 **back then**	damals	My grandma was born in 1948. Life was a lot slower **back** ~, she says.
Aussie ['ɒzi] (infml)	Australier/in; australisch	informal for "Australian"

Group nouns

Nomen wie **audience, band, class, family, government, group, team** bezeichnen eine **Gruppe von Menschen**. Sie werden daher **group nouns** (oder **collective nouns**) genannt.

Auch wenn solche **group nouns** im <u>Singular</u> verwendet werden, stehen <u>Verben und Pronomen</u> danach oft im **Plural**:

Leon's host **family were** great. **They** quickly made him feel at home.
The **audience are** still cheering although the **band have** already started to put away **their** instruments.
Class 8PW are difficult to teach.

though [ðəʊ]	obwohl	Leon really liked his host family, ~ (= although) it was hard to understand them at first.
barbecue [ˈbɑːbɪkjuː] (*BE und AusE infml auch:* **barbie**)	Grill; Grillfest, Grillparty	Shall I put some more sausages on the ~? We're having a ~ on Sunday. Would you like to come?
board [bɔːd] (*kurz für:* **surfboard**)	Surfbrett	
(to) **swallow** [ˈswɒləʊ]	schlucken; verschlucken	He thought he was going to be sick when he realized that he had ~**ed** a spider.
ton [tʌn]	Tonne (*Gewicht*)	It was so hot! We could have sold ~**s** of ice cream. (… jede Menge Eis)
private [ˈpraɪvət]	privat	❗ pronunciation and stress: **private** [ˈpraɪvət] **private** ◄► **public** Ⓕ privé, e Ⓛ privatus, -a, -um
(to) **accept** [əkˈsept]	akzeptieren, annehmen	I've asked eight people to our barbecue, and most of them have already ~**ed** the invitation. As a child I found it hard to get ~**ed** into a group. Ⓕ accepter Ⓛ accipere
talkative [ˈtɔːkətɪv]	gesprächig	He seemed shy at first, but by the end of the evening he was really ~.

photography [fəˈtɒɡrəfi]	Fotografie	❗ stress: **phoˈtography** [fəˈtɒɡrəfi]	
			Ⓕ la photographie
in the end	schließlich, am Ende, zum Schluss	At first no one clapped, but **in the ~** everybody joined in.	
(to) **be/get homesick** [ˈhəʊmsɪk]	Heimweh haben/bekommen	*English:* (to) **be homesick**	
		German: **Heimweh haben**	
Christmas Eve [ˌkrɪsməsˈiːv]	Heiligabend		
self-confident [ˌselfˈkɒnfɪdənt] (*kurz auch:* **confident**)	selbstbewusst, (selbst)sicher	She's a **self-confident** student. As a child, I was very shy. Later I became more **confident**.	Ⓛ confidere (*vertrauen*)
easy-going [ˌiːziˈɡəʊɪŋ]	locker, unbeschwert, gelassen	Most of our teachers are **easy-~**, but Mr Sanders is really strict.	
the very first/last/best …	der/die/das allererste/allerletzte/ allerbeste …	We just managed to catch the ~ **last** tram. You could tell it was his ~ **first** time.	
p. 14 **sunscreen** [ˈsʌnskriːn]	Sonnenschutzmittel	Remember to put on ~ before you go out in the sun.	
p. 15 **No worries, mate.** [ˈwʌriz] (*bes. AusE*)	Kein Problem! / Alles OK! / Alles gut!	Thanks very much for helping me. – **No ~, mate.**	
mate [meɪt] (*infml*)	Kumpel, Freund/in	Weekends are a good time to hang out with your ~**s**.	

(to) argue – argument – argumentative		
• **(to) argue**	1. argumentieren; behaupten	He tried to **argue** that Shakespeare was German!
	2. (sich) streiten, (sich) zanken	My brothers **argue** all the time.
• **argument**	1. Argument	Try to present **arguments** for and against the topic.
	2. Streit, Auseinandersetzung	Sorry about the noise. Our neighbours are having another **argument**.
• **argumentative** [ˌɑːgjuˈmentətɪv]	1. argumentativ	**argumentative writing** (Erörterung, Argumentation)
	2. streitsüchtig	He's a bit **argumentative**. That's why he didn't agree with us.

(to) **brainstorm** [ˈbreɪnstɔːm]	brainstormen *(so viele Ideen wie möglich sammeln)*	We sat down and ~ed on how to solve the problem.
(to) **oppose** sth. [əˈpəʊz]	etwas ablehnen, gegen etwas sein	Most people ~d the plan to build a new road. (to) **support** sth. ◄► (to) **oppose** sth. ⓛ opponere *(entgegenstellen)*
(to) **state** sth. [steɪt]	etwas äußern, etwas angeben	Try to ~ your opinion in a respectful way. The president ~d that he would introduce a new law.
abroad [əˈbrɔːd]	im/ins Ausland	My great-grandparents have never been ~. Lots of people like to go ~ on holiday.
in addition to ... [əˈdɪʃn]	neben ...; außer ...; zusätzlich zu ...	**In ~ to** the guitar and the piano, he also plays the drums. ⓛ addere *(hinzufügen)*

personally [ˈpɜːsənəli]	persönlich	*English:* **Personally**, I'd rather go by train. *German:* Ich **persönlich** würde lieber mit dem Zug fahren.
(to) **discuss** sth. [dɪˈskʌs]	über etwas diskutieren, etwas besprechen	*English:* (to) **discuss** sth. *German:* **über** etwas diskutieren noun: **discussion** – verb: (to) **discuss** sth.
furthermore [ˌfɜːðəˈmɔː]	außerdem, ferner; des Weiteren	The government want to improve our hospitals. **Furthermore**, they have promised to spend more on education.
in my view [vjuː]	meiner Ansicht nach, meiner Meinung nach	= in my opinion
On the one hand, … **On the other hand, …**	Einerseits … Andererseits …	**On the one ~,** Australia is close to Asia. **On the other ~,** it has a strong British tradition.
(to) **take a different view**	einen anderen Standpunkt vertreten; anderer Ansicht sein	Most people think it's OK to eat meat, but some **take a different ~**. Some people **took the ~ that** the new skyscraper destroyed the historical skyline. („… waren der Auffassung/Ansicht, dass …")
advantage [ədˈvɑːntɪdʒ]	Vorteil	**advantage ◄►disadvantage** [ˌdɪsədˈvɑːntɪdʒ] Not being able to drive can be a **dis~** (Nachteil) when you're looking for a job.　　Ⓕ l'avantage *(m)*

comparison [kəm'pærɪsn]	Vergleich	On this website you can **make ~s** between different schools. (F) la comparaison (L) comparare *English:* (to) **make comparisons** *German:* **Vergleiche anstellen; vergleichen**
To start with, … / **To begin with, …**	Erstens …; Zunächst (einmal) …	**To ~ with**, I'd like to point out that …
Firstly, … ['fɜːstli] **Secondly, …** ['sekəndli] **Thirdly, …** ['θɜːdli]	Erstens … Zweitens … Drittens …	**Firstly**, we have to get something to drink. **Secondly**, we need a DJ. And **thirdly**, …

Part B

pp. 18/19

reef [riːf]	Riff	
(to) flood [flʌd]	überfluten, überschwemmen	The rain **~ed** our garden. It looked like a swimming pool. ❗ pronunciation: **flood** ['flʌd] verb: (to) **flood** – noun: **flood** (Flut; Überschwemmung)
(to) be determined to do sth. [dɪ'tɜːmɪnd]	(fest) entschlossen sein, etwas zu tun	Nothing will stop me: I'**m ~ to** win the race. (L) determinare
insect ['ɪnsekt]	Insekt	❗ stress: **insect** ['ɪnsekt] (F) l'insecte *(m)*
python ['paɪθən]	Python	❗ pronunciation: **python** ['paɪθən]

luckily ['lʌkɪli]	glücklicherweise; zum Glück	I dropped a plate yesterday. **Luckily**, it wasn't very expensive.
(to) **prefer** sth. **(to** sth.) [prɪ'fɜː]	etwas (etwas anderem) vorziehen	My brother ~s basketball **to** football. Ⓕpréférer (= He likes basketball more than football.) I'd ~ **to** stay at home this evening. (Ich würde heute Abend lieber zu Hause bleiben.)
human ['hjuːmən]	Mensch; menschlich	❗ **human** = 1. Mensch – animals and **humans** 2. menschlich – It's only **human**. Ⓕhumain, e Ⓛhumanus Für das deutsche „Mensch" wird oft auch **human being** verwendet: The earth is much older than **human beings**.
mainly ['meɪnli]	hauptsächlich, vorwiegend	The hotel was full of tourists, ~ from Germany.
(to) **provoke** [prə'vəʊk]	provozieren	He's an easy-going guy – it's difficult to ~ him. Ⓕprovoquer Ⓛprovocare
(to) **injure** sb. ['ɪndʒə]	jn. verletzen	❗ Bei leichten körperlichen Verletzungen oder wenn Gefühle verletzt werden, wird eher **hurt** verwendet.
moth [mɒθ]	Nachtfalter; Motte	a **moth**
crocodile ['krɒkədaɪl]	Krokodil	❗ pronunciation and stress: <u>**cro**codile</u> ['krɒkədaɪl]
(to) **bump into** sb. [bʌmp] *(infml)*	jn. zufällig treffen, jm. zufällig begegnen	In a small town you often ~ **into** people you know.

(to) **snorkel** [ˈsnɔːkl]	schnorcheln	**snorkelling**	
p.20 **greenhouse** [ˈgriːnhaʊs]	Gewächshaus, Treibhaus	a **greenhouse**	

p.22 **coastline** [ˈkəʊstlaɪn]	Küste, Küstenlinie	From the boat we could see the rocky Irish ~.
dramatic [drəˈmætɪk]	dramatisch	I saw a ~ film about a man who escaped from prison. ⓕ dramatique
facilities *(pl)* [fəˈsɪlətiz]	Einrichtungen, Ausstattung, Anlage(n), Angebot(e)	The ~ at the first hotel were much better than the ones in this place! ⓛ facilis
overcrowded [ˌəʊvəˈkraʊdɪd]	überfüllt	~ streets/beaches/classrooms/cities/prisons
rural [ˈrʊərəl]	ländlich, Land-	**rural ◄► urban** ⓕ rural, e ◄► urbain, e ⓛ rus, ruris *n (Land)*
suburban [səˈbɜːbən]	Vorort-, Vorstadt-; vorstädtisch	He walked around the ~ streets taking photos of the houses and gardens. noun: **suburb** [ˈsʌbɜːb] – adj: **suburban** [səˈbɜːbən]

vast [vɑːst]	riesig	Africa is a ~ continent. It's over 5,000 miles from north to south. **vast ◄► tiny**
inland ['ɪnlænd]	Binnen-; im Landesinneren	Duisburg has the world's largest ~ harbour. **coastal ◄► inland**
mild [maɪld]	mild	a <u>mild</u> climate ◄► a <u>tropical</u> climate a <u>mild</u> dish/sauce ◄► a <u>hot</u> dish/sauce a <u>mild</u> cheese ◄► a <u>strong</u> cheese ❗ pronunciation: **mild** [maɪld]
mountainous ['maʊntənəs]	bergig, gebirgig	noun: **mountain** – adj: **mountainous**
old-fashioned [ˌəʊld'fæʃənd]	altmodisch	**old-fashioned ◄► modern, trendy**
flat [flæt]	flach, eben	It's easier to ride a bike in a ~ city like Berlin than in a hilly city like Stuttgart. **mountainous, hilly ◄► flat**
descriptive [dɪ'skrɪptɪv]	beschreibend	verb: (to) **describe** – noun: **description** – adj: **descriptive** (L) describere
collocation [ˌkɒlə'keɪʃn]	Kollokation (Wörter, die oft zusammen vorkommen)	words that are often used together, for example • **strong wind** (starker/kräftiger Wind) • **heavy rain** (starker/heftiger Regen) (F) la collocation (L) collocare
p.23 (to) **disagree (with)** [ˌdɪsə'griː]	anderer Meinung sein (als); nicht übereinstimmen (mit); nicht zustimmen	I'm sorry, but I completely ~ **with** you/**with** that statement. (to) **agree ◄►** (to) **disagree**
rude [ruːd]	unhöflich; unverschämt	I think it's ~ to interrupt when someone else is speaking. **rude ◄► polite** (L) rudis

hurtful ['hɜːtfl]	verletzend	a ~ comment = a comment that hurts/might hurt
nonsense ['nɒnsns]	Unsinn, dummes Zeug	
(to) **share** sth. [ʃeə]	(sich) etwas teilen	(to) **share** a room/a flat I don't ~ his views. (Ich teile seine Ansichten nicht.)

totally ['təʊtəli]	völlig, total	• adv: **totally** (völlig, total) – Ⓕ totalement
		  I **totally** disagree.
		• adj: **total** (Gesamt-) – Ⓕ total, e
		  the **total** number of pupils at this school

I'm afraid ... [əˈfreɪd]	Leider ...	

I'm afraid I'm not at home right now. You can leave a message after the beep.

❗ afraid: 1. **I'm afraid of spiders.** (Ich habe Angst ...)
2. **I'm afraid I can't help you.** (Leider ...)

(to) **have a point**	nicht ganz Unrecht haben	You **have a** ~ there, but I still think the other arguments are better.
gift voucher ['gɪft vaʊtʃə]	Geschenkgutschein	I got a couple of **gift ~s** for my birthday.

Part C

p. 26

English "so" – German "auch"

Coreen **loves** talking about her culture, and **so do** the other kids.　　… und die anderen Kids **auch**.

Mit **so** + **Hilfsverb** + **(Pro-)Nomen** kann man zum Ausdruck bringen, dass etwas **auch** für jemand anders gilt. Weitere Beispiele:

John **is** really clever.	**So is** Joanna.
He**'s got** a great voice.	**So has** Joanna.
He **can** speak several languages.	**So can** Joanna.
He **earns** a lot of money.	**So does** Joanna.

He **has been** to Australia.	**So has** Joanna.
He **got** married last year.	**So did** Joanna.
He **would like** to move to Spain.	**So would** Joanna.

---

sort (of) [sɔːt]　　　　Art, Sorte　　　　What ~ of music do you like? Rock? Pop? Jazz?

---

painting ['peɪntɪŋ]　　　Gemälde, Bild　　　verb: **paint** – noun: **painting**

---

soccer ['sɒkə]　　　　Fußball　　　❗ Wie in den USA wird in Australien <u>Fußball</u> eher **soccer** genannt. **Football** ist in beiden Ländern etwas anderes.

(to) **dig (for** sth.**)** [dɪg],　　(nach etwas) graben
dug, dug [dʌg]

digging a hole

opportunity [ˌɒpəˈtjuːnəti]	Gelegenheit, Möglichkeit, Chance	I think you'll have better job **opportunities** if you spend a year abroad. *Ⓛ opportunus*

German "Möglichkeit"

Das deutsche Wort **Möglichkeit** hat mehrere englische Entsprechungen.
Achte darauf, dass du nicht automatisch **possibility** verwendest. Oft sind **opportunity/chance** oder **way** passender:

- **opportunity** oder **chance** entsprechen „Möglichkeit" im Sinne von „Gelegenheit, Chance". (**opportunity** ist etwas förmlicher als **chance**.)

  After school, I had the **chance/opportunity** to go to Australia for a year.
  Dad says he has a better **chance/opportunity** of getting a job if we move to Bristol.

- Wenn „Möglichkeit" im Sinne von „Art und Weise" gemeint ist, kann man **way** verwenden.

  We'll have to swim – there's no other **way** to get/ of getting to the island.

- Wenn man sagen will, dass etwas möglicherweise der Fall sein könnte (aber es ist nicht sicher, vielleicht sogar unwahrscheinlich!), dann verwendet man **possibility**.

  There is a **possibility** of snow in May, but it's not very likely.

---

work experience *(no pl)* [ˈwɜːk ɪkˌspɪəriəns]	Praktikum; Arbeitserfahrung(en), Praxiserfahrung(en)	Last summer I did some **work ~** at our local supermarket. She has a strong computer background and a lot of **work ~**.
health [helθ]	Gesundheit	
clinic [ˈklɪnɪk]	Klinik	*Ⓕ la clinique*

patient [ˈpeɪʃnt]	Patient/in	❗ pronunciation and stress: **patient** [ˈpeɪʃnt] Ⓛ pati *(leiden)*
p. 27 (to) **debate** sth. [dɪˈbeɪt]	über etwas debattieren	We ~**d** the topic of bringing mobiles to school. verb: (to) **debate** – noun: **debate** (Debatte)
racism [ˈreɪsɪzm]	Rassismus	❗ stress: **racism** [ˈreɪsɪzm] Ⓕ le racisme
racist [ˈreɪsɪst]	Rassist/in; rassistisch	**racist** [ˈreɪsɪst] Ⓕ le/la raciste
professional [prəˈfeʃənl]	professionell, Profi-	Ⓕ professionnel, le Ⓛ profiteri
swan [swɒn]	Schwan	**swans**
medal [ˈmedl]	Medaille	❗ stress: **medal** [ˈmedl]
award [əˈwɔːd]	Preis, Auszeichnung	
(to) **stand up (for** sth./sb.**)** [ˌstænd_ˈʌp]	eintreten/sich einsetzen (für etwas/jn.)	It's important to ~ **up for** your rights.
recognition [ˌrekəgˈnɪʃn]	Anerkennung	She got an award in ~ of her fight against discrimination. Ⓛ recognoscere *(wiedererkennen)*
stand against sth.	Haltung gegenüber etwas, Widerstand gegen etwas	Martin Luther King is known for his strong ~ **against** discrimination.

(to) **be named** sth.	zu etwas ernannt werden	She **was** ~ sportsperson of the year.
(to) **criticize** sb. **(for)** ['krɪtɪsaɪz]	jn. kritisieren (wegen)	She was ~**d for** her article in the school magazine. ❗ stress: **criticize** ['krɪtɪsaɪz] Ⓕ critiquer
opposing [əˈpəʊzɪŋ]	gegnerisch	the ~ team
ape [eɪp]	Menschenaffe	three **apes**

row [rəʊ]	Reihe	I don't like sitting in the front ~ in the cinema.
upset [ˌʌpˈset]	aufgebracht, gekränkt, mitgenommen	He felt very ~ when the other kids called him names.
victory ['vɪktəri]	Sieg	Ⓕ la victoire Ⓛ victoria
comment ['kɒment]	Bemerkung, Kommentar	Ⓕ le commentaire
innocent ['ɪnəsnt]	unschuldig	I didn't take the money! I'm ~! Ⓕ innocent, e Ⓛ innocens
(to) **put the blame (for** sth.**) on** sb. [bleɪm]	jm. (an etwas) die Schuld geben	My brother always tries to **put the** ~ **on** me when something goes wrong at home.

unfortunately [ʌnˈfɔːtʃənətli]	leider, unglücklicherweise	We were planning a barbecue, but ~ it rained. **fortunately** (glücklicherweise) ◄► **unfortunately** Ⓛ fortuna	
(to) **bully** sb. [ˈbʊli]	jn. tyrannisieren, mobben	verb: (to) **bully** – noun: **bully**	
appearance [əˈpɪərəns]	Erscheinung(sbild), Aussehen	I was shocked by his ~ – he looked much older than the last time we met. verb: (to) **appear** – noun: **appearance** Ⓕ l'apparence (f) Ⓛ apparere	
industry [ˈɪndəstri]	Industrie	❗ stress: **industry** [ˈɪndəstri] Ⓕ l'industrie (f) Ⓛ industria	
society [səˈsaɪəti]	(die) Gesellschaft	❗ No article: **in (modern) society** **in der (modernen) Gesellschaft** Ⓕ la société Ⓛ societas	
incident [ˈɪnsɪdənt]	Vorfall, Zwischenfall	The police are still looking into the ~. Ⓕ l'incident (m) Ⓛ incidere	
(to) **boo** [buː]	buhen; ausbuhen	The play was terrible. The audience ~ed the actors off the stage.	
achievement [əˈtʃiːvmənt]	Errungenschaft, Leistung	Learning to play the guitar isn't easy. It's quite an ~, actually.	
series, *pl* **series** [ˈsɪəriːz]	(Sende-)Reihe, Serie	It's my favourite ~. I watch it every week. Ⓛ series f
setting [ˈsetɪŋ]	Schauplatz *(Film/Geschichte)*	The ~ of the film is a small village in Cornwall.	

p. 29

Unit 2   Relationships

pp. 34/35	**photographer** [fə'tɒgrəfə]	Fotograf/in	• **photo(graph)** ['fəʊtəʊ, 'fəʊtəgrɑːf] Foto • (to) **photograph** ['fəʊtəgrɑːf] fotografieren • **photography** [fə'tɒgrəfi] Fotografie (*Hobby*) • **photographer** [fə'tɒgrəfə] Fotograf/in

Part A

p. 36	**novel** ['nɒvl]	Roman	Ⓛ novus
	I reckon … ['rekən]	Ich schätze …, Ich nehme an …	= I guess …, I think …
	promise ['prɒmɪs]	Versprechen; Verheißung	verb: (to) **promise** – noun: **promise** Ⓛ promittere
	salty ['sɔːlti]	salzig	noun: **salt** – adj: **salty** Ⓛ sal
	(to) **treat** ['triːt]	behandeln	verb: (to) **treat** – Ⓕ traiter Ⓛ tractare We should **treat** other people with respect. noun: **treatment** ['triːtmənt] – Ⓕ le traitement He needed **treatment** on his leg after he fell off his horse.
	haircut ['heəkʌt]	Haarschnitt	Your hair is too long. Go and get a ~. (… lass dir die Haare schneiden.)
	That's fine by me.	Das soll mir recht sein. / Von mir aus gern.	Shall we meet at six? – Sure, **that's ~ by me**. If you want to throw your life away, **that's ~ by me**.

(to) **vote (for** sb./sth.**)** [vəʊt]	(für jn./etwas) stimmen; wählen, zur Wahl gehen	Who are you going to ~ **for** as band of the year? In most countries you have to be 18 before you can ~. ⓕ voter (pour qn)
elections *(pl)* [ɪ'lekʃnz]	Wahlen	**Elections** for President of the United States are held every four years. ⓕ les élections *(f)* ⓛ eligere
subject ['sʌbdʒɪkt], ['sʌbdʒekt]	Thema	I'm reading a book on the ~ of terrorism. ⓕ le sujet ❗ **subject** = 1. Subjekt; 2. Schulfach; 3. Thema
politics ['pɒlətɪks]	Politik	❗ • Das Wort **politics** ist Singular, trotz des -**s**: **Politics** <u>is</u> interesting for some people, and <u>it is</u> boring for others. • stress: **politics** ['pɒlətɪks] ⓕ la politique
sensitive ['sensətɪv]	empfindlich, sensibel; heikel; einfühlsam, empfindsam	Don't say anything about his big nose: he's very ~ about it. My girlfriend is a good listener and ~ to my feelings.
issue ['ɪʃuː], ['ɪsjuː]	Thema, (Streit-)Frage, Angelegenheit	Pocket money is a sensitive ~ in some families.
once *(conj)* [wʌns]	sobald, sowie, wenn	❗ **once** = 1. *(adv)* einmal – We go there **once** a week. 2. *(conj)* – **Once** you're finished, we can go.
waste [weɪst]	Verschwendung	noun: **waste** – The meal at that restaurant was awful – a **waste** of time and money. verb: (to) **waste** sth. **(on** sth.**)** – Water is limited. Don't **waste** it.

tree trunk ['triː trʌŋk] *(oder kurz: **trunk**)*	Baumstamm	

a tree trunk
(L) truncus

p. 37 **chin** [tʃɪn] Kinn

(to) tear [teə], **tore** [tɔː], **torn** [tɔːn]	reißen, zerreißen

My jeans **tore** as I climbed over the fence.
I was so angry that I **tore** the letter into pieces.

key [kiː] Taste

keys

(to) shake [ʃeɪk], **shook** [ʃʊk], **shaken** ['ʃeɪkn] zittern

Look, he's nervous: his hands are **shaking**.
❗ (to) **shake** = 1. schütteln; 2. zittern

first aid [ˌfɜːst ˈeɪd] Erste Hilfe

(to) **breathe** [briːð]	atmen	verb: (to) **breathe** [briːð] – noun: **breath** [breθ]
skin [skɪn]	Haut	I need some face cream. My ~ is very dry.

cheek

chin

cheek [tʃiːk]	Wange	
pulse [pʌls]	Puls, Pulsschlag	The doctor took his ~ and blood pressure. ⓛ pellere
brain [breɪn]	Gehirn	
oxygen [ˈɒksɪdʒən]	Sauerstoff	Ⓕ l'oxygène (m)
distant [ˈdɪstənt]	(weit) entfernt, fern	It will take you a long time to get to such a ~ place. The Romans ruled Britain in the ~ past. ⓛ distare (entfernt sein)
(to) **sink** [sɪŋk], **sank** [sæŋk], **sunk** [sʌŋk]	sinken	a **sinking** ship

intelligent [ɪnˈtelɪdʒənt]	intelligent	❗ stress: int**e**lligent [ɪnˈtelɪdʒənt] Ⓕ intelligent, e ⓛ intellegere
occasionally [əˈkeɪʒnəli]	gelegentlich, ab und zu	We used to see each other a lot but we only meet ~ now. ⓛ occasio
dreamy [ˈdriːmi]	verträumt	verb: (to) **dream** – noun: **dream** – adj: **dreamy**

immigrant [ˈɪmɪgrənt]	Einwanderer/Einwanderin	❗ stress: **immigrant** [ˈɪmɪgrənt]	
		Ⓕ l'immigrant, e / l'immigré, e Ⓛ immigrare	
university [ˌjuːnɪˈvɜːsəti]	Universität	Ⓕ l'université (f) Ⓛ universus	

pp. 38/39

soap [səʊp]	Seife	soap
deodorant [diˈəʊdərənt]	Deodorant	deodorant

toothbrush [ˈtuːθbrʌʃ]	Zahnbürste	toothpaste
toothpaste [ˈtuːθpeɪst]	Zahnpasta	toothbrush

fridge [frɪdʒ]	Kühlschrank	a **fridge** Ⓛ frigidus

can [kæn]	Dose	❗ • In *BE*, the word **can** is always used for <u>drinks</u>. To talk about <u>food</u>, the British usually use **tin**. • In *AE*, **can** is used for both <u>food</u> and <u>drinks</u>.
pretty [ˈprɪti]	ziemlich	Your new glasses look ~ cool. ❗ **pretty** = 1. *(adj)* hübsch; 2. *(adv)* ziemlich

anyway [ˈeniweɪ]	trotzdem	

anyway		
1. Jedenfalls …	Is her mother American? – I don't really know. But **anyway**, she lives in California now. We'll arrive at 7:35 or 7:45, I'm not sure. **Anyway**, we'll be there before 8.
2. Und überhaupt, …	I don't have the time to go on holiday. **And anyway**, it's too expensive.
3. sowieso	I can give you a lift. I'm going there **anyway**.
4. trotzdem	It was freezing cold, but we went out **anyway**.

familiar [fəˈmɪliə]	vertraut	New York's skyline is ~ to people all over the world. I know New York, but I'm not ~ with other American cities. Ⓕ familier, familière Ⓛ familiaris
awkward [ˈɔːkwəd]	peinlich, unangenehm, schwierig	We felt rather ~ when Jake found out we hadn't invited him to the party. It was an ~ question and I had no idea how to answer it.
next door (adv) [ˌnekst ˈdɔː]	nebenan	I couldn't sleep. The TV was on all night in the room **next ~**.
muscle [ˈmʌsl]	Muskel	*English:* He didn't move a **muscle**. Ⓕ le muscle *German:* Er rührte sich nicht.
hand [hænd]	Uhrzeiger	
(to) **mean to do** sth.	etwas tun wollen; die Absicht haben, etwas zu tun	Sorry, I ~**t to** phone you, but I forgot. I'm sorry, I didn't ~ **to** be rude.

because of *(prep)*	wegen	❗ • *(conj)* I stayed at home **because** it rained.
		weil es regnete
		• *(prep)* I stayed at home **because of** the rain.
		wegen des Regens
serious ['sɪərɪəs]	ernst; ernsthaft	adj: **serious** – a **serious** illness/problem/…
		Ⓕ sérieux, se Ⓛ serius
		adv: **seriously** – **seriously** ill/injured/…
		Ⓕ sérieusement
first-person narrative ['nærətɪv]	Ich-Erzählung	Ⓛ narrare
p. 41 **request** [rɪ'kwest]	Bitte, Wunsch	Unfortunately, nobody has reacted to my ~ for help.
		Ⓛ requirere
informal [ɪn'fɔːml]	informell; umgangssprachlich	**informal ◄► formal** ['fɔːml] (formell, förmlich)
		Ⓕ informel, le ◄► formel, le
p. 42 (to) **be attracted to** sb. [ə'træktɪd]	sich zu jm. hingezogen fühlen	I'm really ~ **to** boys with blue eyes and a nice smile.
		Ⓛ attrahere
(to) **fall in love (with sb.)**	sich (in jn.) verlieben	*English:* (to) **fall in love with** sb.
		German: sich **in** jn. verlieben
(to) **date** sb. [deɪt]	mit jm. gehen, mit jm. zusammen sein	Dad ~**d** mum for years before they got married.

(to) **be seeing** sb.	mit jm. zusammen sein	They**'ve been** ~ each other for quite a while now, and next month they're going to get married.
(to) **break up (with** sb.**)** [ˌbreɪk‿'ʌp]	Schluss machen (mit jm.), sich trennen (von jm.)	Jonathan's parents have **broken** ~ and are getting divorced soon.
(to) **get to know** sb.	jn. kennenlernen	My parents **got to** ~ each other in high school.
annoyed (with sb.**/ about** sth.**)** [ə'nɔɪd]	verärgert (über jn./etwas), irritiert	She was ~ **with** him because he was late again. My father often gets ~ **about** the government.
confused [kən'fjuːzd]	verwirrt	He looked so ~ – he clearly didn't understand you. ⒡ confus, e ⓛ confundere
cross (with sb.**)** [krɒs]	böse, sauer (auf jn.)	Mum was ~ **with** me because I was late.
frightened ['fraɪtnd]	verängstigt	Don't be ~. Thunder sounds scary but it isn't dangerous.
hopeful ['həʊpfl]	zuversichtlich, hoffnungsvoll	

> **hopeful – hopefully**
> · **hopeful** *(adj)*
>   It might stop raining, but I'm not very **hopeful**.
>
> · **hopefully** *(adv)*
>   1. We stood on the platform waiting **hopefully** for the train to arrive. (hoffnungsvoll, voller Hoffnung)
>   2. **Hopefully** we'll have good weather for our picnic. (hoffentlich)

pessimistic [ˌpesɪˈmɪstɪk]	pessimistisch	**opimistic ◀▶ pessimistic** (F) optimiste ◀▶ pessimiste
pleased [pliːzd]	froh, erfreut, zufrieden	I'm really ~ with my new mobile. It's much better than my old one. *English:* **Pleased** to meet you. *German:* Freut mich, Sie kennenzulernen.
furious (with/at sb.) [ˈfjʊəriəs]	wütend, zornig (auf jn.), wutentbrannt	He was ~ when I told him. I've never seen anyone so angry.　(F) furieux, se　(L) furor m
heartbroken [ˈhɑːtbrəʊkən]	todunglücklich, untröstlich	Sally was ~ after her dog died.
terrified [ˈterɪfaɪd]	entsetzt	*English:* (to) **be terrified** (of sth.)　(F) terrifié, e *German:* **schreckliche Angst** (vor etwas) **haben**
thrilled [θrɪld]	begeistert	I was ~ when I was offered the leading role in the play.
absolutely [ˈæbsəluːtli]	völlig, absolut	I wasn't just hungry – I was **absolutely** starving. ❗ Wenn **absolutely** als zustimmende Entgegnung benutzt wird, liegt die Hauptbetonung auf der 3. Silbe: The show was fantastic, wasn't it? – **Absolutely**! [ˌæbsəˈluːtli]　(L) absolvere *(loslösen)*
ex- [eks]	Ex-; ehemalige(r, s)	my **ex**-boyfriend/girlfriend; London's **ex**-mayor
male [meɪl]	männlich; männliche Person; Männchen	Most of the workers here are ~. The police are looking for a 40-year-old ~.

female ['fi:meɪl]	weiblich; weibliche Person; Weibchen	**Females** often earn less money than males. male ◄► female	
acquaintance [əˈkweɪntəns]	Bekannte(r)	I wouldn't say he's a real friend. He's just an ~.	
p. 43 (to) **enter** sth. ['entə]	etwas eingeben, eintragen	Please ~ your name on this list.	(L) intrare
password ['pɑːswɜːd]	Passwort	You shouldn't tell other people your ~**s**.	
(to) **update** sth. [ˌʌpˈdeɪt]	etwas aktualisieren, auf den neuesten Stand bringen		
status ['steɪtəs]	Status	Philip has just updated his ~.	(L) status
account [əˈkaʊnt]	Account, Konto	You'll need some ID to open a bank ~. How do I change the password of my email ~?	

Part B

p. 44 **murder** ['mɜːdə]	Mord	❗ (to) **murder** (er)morden – **murder** Mord – **murderer** Mörder/in	
(to) **declare** sth. [dɪˈkleə]	etwas erklären, verkünden	He was furious with me and ~**d** that he never wanted to see me again. The United Kingdom ~**d** war on Germany on 3 September 1939.	(F) déclarer (L) declarare
husband ['hʌzbənd]	Ehemann	❗ ihr Mann = her **husband** (*not:* her ~~man~~)	
wife [waɪf], *pl* **wives** [waɪvz]	Ehefrau	❗ seine Frau = his **wife** (*not:* his ~~woman~~)	

you **ought to** stop … [ɔːt]	du solltest aufhören, …	Some people say we ~ **to** stop eating meat. (= … we should stop eating meat.)
diet [ˈdaɪət]	Ernährung(sweise), Speiseplan; Diät	Fruit and vegetables are important for a healthy ~. The doctor said I needed to go on a ~. ❗ pronunciation and stress: **diet** [ˈdaɪət]
protein [ˈprəʊtiːn]	Protein, Eiweiß	❗ stress: **protein** [ˈprəʊtiːn]
healthy [ˈhelθi]	gesund	**healthy** ◄► sick, ill
(to) **be supposed to do** sth. [səˈpəʊzd]	etwas tun sollen	We**'re not** ~ **to** use our mobiles at school, but some of us do. I haven't heard their new album yet, but it**'s** ~ **to** be really good.
pasta (no pl) [ˈpæstə]	Nudeln	a plate of **pasta**

English: **Pasta is** my favourite food.
German: **Nudeln sind** mein Lieblingsessen.

p. 46	**cultural** [ˈkʌltʃərəl]	kulturell	noun: **culture** – adj: **cultural** ❗ stress: **cul**ture, **cul**tural [ˈkʌltʃə], [ˈkʌltʃərəl] Ⓕ culturel, le Ⓛ colere *(pflegen, verehren)*

communication [kəˌmjuːnɪˈkeɪʃn]	Kommunikation, Verständigung	(F) la communication	(L) communis *(gemeinsam)*

p. 47 **statistics** *(pl)* [stəˈtɪstɪks] — Statistik

Statistics show that London's population is continuing to grow. (F) les statistiques

bar chart [ˈbɑː tʃɑːt]	Balkendiagramm	
pie chart [ˈpaɪ tʃɑːt]	Tortendiagramm	
chart [tʃɑːt]	Tabelle, Schaubild	

a **bar chart**   **pie charts**

average [ˈævərɪdʒ]	durchschnittlich; Durchschnitt	The ~ age of students in our year is 16.5. I practise the piano two hours a day **on** ~. (= im Durchschnitt, durchschnittlich)
length [leŋθ]	Länge; Dauer	The swimming pool has a ~ of 25 metres. I'd say the average ~ of films on DVD is 90 minutes.
useful [ˈjuːsfl]	nützlich	You'll find this map ~ for finding your way around town. (L) usus
percentage [pəˈsentɪdʒ]	Prozentsatz; prozentualer Anteil	What ~ of your pocket money do you spend on clothes? (F) le pourcentage (L) centum
chore [tʃɔː]	(Haus-)Arbeit; *(lästige)* Pflicht	What ~**s** do you do at home? – I wash the dishes and walk the dog.
(to) realize sth. [ˈriːəlaɪz]	etwas erkennen; sich einer Sache bewusst werden	When I got home, I ~**d** that I had left my bag on the train. (F) réaliser qc

p. 48 **amount (of)** [ə'maʊnt]	Betrag, Menge; Höhe *(von Gehalt, Taschengeld)*	£300? I wouldn't pay that ~ for a pair of jeans. Now add a small ~ **of** salt to the soup.
(to) insist on sth. [ɪn'sɪst]	auf etwas bestehen	I didn't want to go to the Millers but Mum ~**ed**. Dad always ~**s on** me helping him clean the car. *(F) insister (L) insistere*
value ['vælju:]	Wert	Do young people share older people's ~**s**? The ~ of our car has gone down by £2000 since I bought it. *(F) la valeur (L) valere*
tidy ['taɪdi]	ordentlich, aufgeräumt	
cash [kæʃ]	Bargeld; *(infml auch:)* Geld	You have to pay ~ in this shop – you can't use a card. *English:* (to) **pay cash** – *German:* **bar bezahlen**
simply ['sɪmpli]	einfach	adj: **simple** – This is a very **simple** recipe, so you should be able to follow it. adv: **simply** – What are you trying to say? Can you put it more **simply**, please?
They **run out of** money.	Ihnen geht das Geld aus. / Bei ihnen wird das Geld knapp.	**(to) run out (knapp werden; zu Ende gehen)** • **Time is running out.** (Die Zeit wird knapp.) • **We're running out of time.** (Wir haben keine Zeit mehr.) • **It was so hot that the shops ran out of cold drinks.** (…, dass den Geschäften die kalten Getränke ausgingen.)

(to) **encourage** sb. [ɪn'kʌrɪdʒ]	jn. ermutigen, jn. ermuntern	My parents ~**d** me to go abroad for a year.
perhaps [pə'hæps]	vielleicht	= maybe
certain ['sɜːtn]	bestimmte(r, s), gewisse(r, s)	Try to save a ~ amount of money each month. A ~ Mr Davidson called this morning. (L) certus
habit ['hæbɪt]	(An-)Gewohnheit	something you do regularly: Smoking is a bad ~. (L) habere
p. 49 **agreement** [ə'griːmənt]	Einigung; Vereinbarung	After a long discussion, we finally reached ~. (… haben wir uns schließlich geeinigt.)
(to) **express** [ɪk'spres]	ausdrücken, zum Ausdruck bringen	"In my opinion", "In my view" and "I think" are useful phrases to ~ your opinion. (L) exprimere
(to) **stress** [stres]	betonen	noun: **stress** – verb: (to) **stress**
hen [hen]	Huhn, Henne	
(to) **agree to differ**	sich darauf einigen, dass man verschiedener Ansicht ist; einsehen, dass man sich nicht einigen kann	The argument could have gone on and on, so we ~**d to differ**.
(to) **remind** sb. [rɪ'maɪnd]	jn. erinnern	Please ~ me that it's Grandma's birthday on Friday. I want to call her. Grandpa always says I ~ him of his sister. ❗ • **remember sth.** = sich an etwas erinnern Do you **remember** her name? • **remind sb.** = jn. erinnern I mustn't forget. Please **remind** me.

Part C

p. 50 **refugee** [ˌrefjuˈdʒiː]	Flüchtling	*(F)* le réfugié, la réfugiée
youth [juːθ]	Jugend; Jugend-	It's cheaper to stay at a ~ hostel than at a hotel.
organization [ˌɔːɡənaɪˈzeɪʃn]	Organisation	❗ stress: **organi_za_tion** [ˌɔːɡənaɪˈzeɪʃn] *(F)* l'organisation *(f)*
(to) **run** an organization / a business / a hotel /…, **ran, run**	eine Organisation / eine Firma / ein Hotel leiten, führen	My uncle **~s** a motel near New Orleans.
(to) **publish** [ˈpʌblɪʃ]	veröffentlichen	The first Harry Potter book was **~ed** in 1997. *(F)* publier *(L)* publicus
friendship [ˈfrendʃɪp]	Freundschaft	
(to) **fill in a form**	ein Formular ausfüllen	
distance [ˈdɪstəns]	Distanz, Entfernung	❗ stress: **_dis_tance** [ˈdɪstəns] *(F)* la distance *(L)* distare *(entfernt sein)* *English:* (to) **travel long distances** *German:* weite Strecken fahren/zurücklegen
transport [ˈtrænspɔːt]	Verkehrsmittel; Transport(wesen)	❗ stress: **_trans_port** [ˈtrænspɔːt] *(F)* le transport *(L)* trans + portare different forms of **transport**

(to) **face** sth. [feɪs]	vor etwas stehen; mit etwas konfrontiert werden *(Problem)*	Jamie, ~ the facts. You'll never be a rock star. As a single parent, you have to ~ problems other parents don't have to deal with. Ⓛ facies
(to) **fit in** [ˌfɪt ˈɪn]	sich einfügen, seinen Platz finden; hineinpassen	At first, I found it difficult to ~ **in** at my new school. There are some students in my sister's class who just don't ~ **in**.
(to) **act** [ækt]	handeln, sich verhalten	When you get older you're expected to ~ more responsibly. Ⓛ agere
(to) **adapt (to** sth.**)** [əˈdæpt]	sich (einer Sache) anpassen	When they moved to India, it took some time to ~ **to** the climate. Ⓕ s'adapter Ⓛ ad + aptare
(to) **get used to** sth. [juːst]	sich an etwas gewöhnen	When we were in England, it was strange to drive on the left, but we soon **got ~ to** it. *English:* We **got used to driving** on the left. *German:* Wir **gewöhnten uns daran**, links **zu fahren**. ❗ *Nicht verwechseln:* • Did you know that people once <u>**used to drive**</u> on the left in Sweden? (… früher einmal … fuhren) • After a couple of days we <u>**got used to driving**</u> on the left. (… gewöhnten uns daran, … zu fahren)
(to) **end up doing** sth.	schließlich etwas tun	My aunt started her career washing the dishes in a hotel. She ~**ed up** owning the place.
responsibility [rɪˌspɒnsəˈbɪləti]	Verantwortung	Having children is a big ~. adj: **responsible** [rɪˈspɒnsəbl] – noun: **responsibility** [rɪˌspɒnsəˈbɪləti] Ⓕ la responsabilité

within [wɪˈðɪn]	innerhalb (von)	Do you think you can finish your project ~ a week? We respect all cultures ~ our community.
advisor [ədˈvaɪzə] (*auch:* **adviser**)	Berater/in	verb: (to) **advise** – noun: **1. advice** (Rat); **2. advisor, -ser** (Berater/in)
carer [ˈkeərə]	Betreuer/in	The old man couldn't look after himself any longer and needed a ~.
(to) **be dependent on** sb./sth. [dɪˈpendənt]	von jm./etwas abhängig sein, auf jn./etwas angewiesen sein	Children **are** ~ **on** their parents until they start to earn money. (F) dépendre (L) dependere
(to) **get to do** sth.	etwas tun können/dürfen; die Möglichkeit haben/bekommen, etwas zu tun	I only ~ **to go** to the party tonight if I finish all my homework.
not … anywhere [ˈeniweə]	nirgendwo; nirgendwohin	Where's my key? I ca**n't** see it ~. I do**n't** want to go ~. I just want to stay at home. **somewhere ◄► not … anywhere**

| p. 51 **shop window** | Schaufenster | a **shop window** |

apron [ˈeɪprən]	Schürze		**aprons**

(to) be in a hurry [ˈhʌri] — in Eile sein, es eilig haben

normally [ˈnɔːməli] — normalerweise; normal

Come for dinner tomorrow. We ~ eat around seven.
I tried to act ~, but it was difficult to hide how
nervous I was.　　Ⓕ normal, e – normalement
adj: **normal** – adv: **normally**

stiff [stɪf] — steif

If you feel ~, you should take a hot shower.
The party was a ~ event – everyone just made polite
conversation.

including [ɪnˈkluːdɪŋ] — einschließlich; darunter (auch)

A lot of famous bands have played here, ~ *Deep
Purple* and *Coldplay*.　　Ⓛ includere *(einschließen)*

❗ • The price is £48, **including** breakfast.
(… **einschließlich** Frühstück.)
• Breakfast is **included**.
(Frühstück ist **inbegriffen**.)

tandem [ˈtændəm] — Tandem

a **tandem**

hub [hʌb]	Mittelpunkt, (Verkehrs-)Knotenpunkt	
handmade [ˌhænd'meɪd]	handgemacht	**Handmade** chocolates are more expensive than ones made in factories.

Unit 3   Big dreams – small steps

pp. 58/ 59 **army** [ˈɑːmi] — Armee — After he left school, he joined the ~. ⓕ l'armée *(f)*
! stress: **army** [ˈɑːmi]   ⓛ arma *(die Waffen)*

athlete [ˈæθliːt] — Athlet/in, Sportler/in — ! stress: **athlete** [ˈæθliːt]   ⓕ l'athlète *(m, f)*

global warming [ˌɡləʊbl ˈwɔːmɪŋ] — Erderwärmung, Erwärmung der Erdatmosphäre

make a difference — etwas bewirken, etwas bewegen — Does voting **make a ~**? What do you think?

(to) repair [rɪ'peə] — reparieren — My bike is broken and needs to be **~ed**.
ⓕ réparer   ⓛ reparare *(wiederherstellen)*

scientific [ˌsaɪən'tɪfɪk] — (natur)wissenschaftlich — noun: **science** – adj: **scientific**
ⓕ scientifique   ⓛ scientia *(Wissen)*

skydiving [ˈskaɪdaɪvɪŋ] — Fallschirmspringen

skydiving

(to) **achieve** [əˈtʃiːv]	erreichen *(Ziel)*, erzielen *(Resultat)*; zustande bringen	Hmm, this isn't the result we wanted to ~. I've been working all day, but I haven't ~**d** much.
goal [gəʊl]	Ziel	❗ • ein Ziel erreichen = (to) **achieve a goal** • einen Ort erreichen = (to) **reach a place** / (to) **arrive at a place**
deadline [ˈdedlaɪn]	(letzter) Termin	The ~ for this assignment is 1 May.
(to) **fail (to do** sth.**)** [feɪl]	versagen, scheitern (beim Versuch, etwas zu tun)	I ~**ed** to lift the rock: it was just too heavy. (to) **pass a test** ◄► (to) **fail a test** (einen Test nicht bestehen)
application [ˌæplɪˈkeɪʃn]	Bewerbung	*English:* **letter of application** *German:* **Bewerbungsschreiben**
(to) **apply (for** sth.**)** [əˈplaɪ]	sich (um/für etwas) bewerben	He **applied** for the job, but he didn't get it. I'd love to go to university in Berlin, but I think it's better to ~ to more than one university.

Part A

p. 60 **excerpt (from)** [ˈeksɜːpt]	Auszug (aus)	This is a short ~ from a long novel. Ⓛ excipere *(herausnehmen)*
vice- [vaɪs]	Vize-	❗ pronunciation: **vice** [vaɪs]
former [ˈfɔːmə]	ehemalige(r, s), frühere(r, s)	Australia is a ~ British colony.
(to) **be about to do** sth.	im Begriff sein, etwas zu tun; kurz davor sein, etwas zu tun	I was ~ **to go** to bed when the doorbell rang.

court [kɔːt]	Spielfeld	
		a basketball **court** a tennis **court**
identical [aɪˈdentɪkl]	identisch	The two versions are very similar but not totally ~.
		(F) identique
(to) **shave** [ʃeɪv]	(sich) rasieren	
		He's **shaving**. a **shaved** head
		(ein kahlgeschorener Kopf)
(to) **pass** [pɑːs]	abspielen, passen (Ball)	I ~**ed** to John, who scored the third goal. (F) passer
the Bible [ˈbaɪbl]	die Bibel	❗ pronunciation: **the Bible** [ˈbaɪbl]
religious [rɪˈlɪdʒəs]	religiös	noun: **religion** – adj: **religious**
		(F) réligieux, réligieuse (L) religio (Glaube)
bald [bɔːld]	kahl, glatzköpfig	
(to) **tell, told, told**	erkennen, feststellen	Can you ~ the difference between these pictures?
		They're identical twins. I can never ~ who's who.

embarrassing [ɪmˈbærəsɪŋ]	peinlich	My mother saw us at the café. – How ~. verb: (to) **embarrass** sb. (jn. in Verlegenheit bringen) adj: **embarrassing**	

p. 61 **(to) fold** [fəʊld] — falten — Take a sheet of paper and ~ it in two. (… und falte es in der Mitte zusammen)

(to) match [mætʃ] — zusammenpassen — Some people say that blue and green don't ~. Grandma was wearing a grey coat with a ~**ing** hat.

fly [flaɪ] — Fliege — a **fly**

web [web] — (Spinnen-)Netz

(to) hand sth. **over** [ˌhænd_ˈəʊvə] — etwas übergeben, aushändigen — What's that behind your back? **Hand** it ~ immediately.

heat [hiːt] — Hitze, Wärme — adjs: hot ◄► cold / nouns: heat ◄► cold

sweat [swet] — Schweiß — ❗ pronunciation: **sweat** [swet]

neither … nor … [ˈnaɪðə … nɔː, ˈniːðə … nɔː] — weder … noch … — **Neither** Jake ~ Gareth were invited to the party. Only Philip was invited.

(to) cheat [tʃiːt] — schummeln, mogeln; betrügen — Jo failed the test because our teacher found she ~**ed**.

since [sɪns] — da, weil — I won't eat ~ we're going to a restaurant later. ❗ **since** = 1. seit; 2. da, weil

decent ['diːsnt]	anständig	Your skirt is much too short. It's not ~. (L) decens ❗ stress: **decent** ['diːsnt]
(to) **matter** ['mætə]	von Bedeutung sein, wichtig sein	Do you want to see change in our school? Tell us what you think! Your opinion ~s.
water pipe ['wɔːtə paɪp]	Wasserleitung, Wasserrohr	
(to) **burst, burst, burst** [bɜːst]	platzen	a **burst water pipe**
talent ['tælənt]	Talent	❗ stress: **talent** ['tælənt] (F) le talent

intelligence [ɪn'telɪdʒəns]	Intelligenz	❗ noun: **intelligence** [ɪn'telɪdʒəns] –
		adj: **intelligent** [ɪn'telɪdʒənt]
		  (F) l'intelligence (f) – intelligent, e
		  (L) intellegere (begreifen)

gift [gɪft]	Geschenk; Gabe	She has a ~ for understanding things very quickly.
Santa ['sæntə] (kurz für: **Santa Claus** ['sæntə klɔːz])	der Weihnachtsmann	(L) sanctus, -a, -um (heilig)
(to) **pick** [pɪk]	wählen, auswählen, aussuchen	(to) choose
stoplight ['stɒplaɪt] (AE)	Ampel	= BE traffic light(s)
character ['kærəktə]	Charakter	❗ stress: **character** ['kærəktə] (F) le caractère

p. 62

brave [breɪv]	mutig, tapfer	She was very ~: she jumped into the river and saved the little dog's life.	
		❗ • ein **mutiges** Kind = a **brave** child • ein **braves** Kind = a **well-behaved** child / a **good** child	
competitive [kəm'petətɪv]	leistungsorientiert, ehrgeizig; Wettkampf-, Leistungs-	Steve is very ~ and always wants to win. This isn't a ~ race – it's just for fun.	
(to) **be crazy about** sth./sb.	verrückt nach etwas/jm. sein	Dad and his friends **are** ~ **about** old motorbikes. They spend an awful lot of money on them.	
loyal ['lɔɪəl]	loyal, treu ergeben	❗ stress: <u>loy</u>al ['lɔɪəl]	Ⓕ loyal, e
p.63 **emotion** [ɪ'məʊʃn]	Gefühl, Emotion	❗ stress: e<u>mo</u>tion [ɪ'məʊʃn]	Ⓕ l'émotion (f)
sense of humour [ˌsens_əv 'hjuːmə]	(Sinn für) Humor	*English:* He has **a good sense of humour** / **no sense of humour.** *German:* Er hat **Humor** / **keinen Humor.**	
quality ['kwɒləti]	Eigenschaft, Qualität	What **qualities** does a good teacher need? ❗ stress: <u>qual</u>ity ['kwɒləti]	
		Ⓕ la qualité Ⓛ qualis *(wie beschaffen?)*	
particular [pə'tɪkjələ]	bestimmte(r, s), spezielle(r, s)	Are you looking for a ~ kind of bike?	
		Ⓕ particulier, particulière	
generous ['dʒenərəs]	großzügig	You got a pony? That's very ~ of your parents. Ⓕ généreux, généreuse Ⓛ generosus *(edelmutig)*	
hard-working [ˌhɑːd'wɜːkɪŋ]	fleißig		

lazy ['leɪzi]	faul	**hard-working** ◄► **lazy**
mean [miːn]	gemein	Don't be so ~ to your brother. It's not fair.
tolerant (of) ['tɒlərənt]	tolerant (gegenüber)	I'm very ~ **of** others even if I don't agree with them. ❗ stress: **tolerant** ['tɒlərənt] Ⓕ tolérant, e Ⓛ tolerare *(ertragen)*
suffix ['sʌfɪks]	Suffix, Nachsilbe	**prefix** (Vorsilbe) ◄► **suffix** (Nachsilbe) Ⓕ le préfixe ◄► le suffixe
opposite ['ɒpəzɪt]	entgegengesetzt	That's the wrong way. Let's go in the ~ direction. Ⓛ opponere *(entgegenstellen)*
(to) recognize ['rekəgnaɪz]	erkennen	Oh, it's you! I didn't ~ you: have you been to the hairdresser's? Ⓛ recognoscere *(wiedererkennen)*
p.64 **prediction** [prɪ'dɪkʃn]	Vorhersage, Voraussage	What is your ~ for the *Bundesliga* this year? Who will win? Ⓛ praedicere *(vorhersagen)*
category ['kætəgəri]	Kategorie	❗ stress: **category** ['kætəgəri] Ⓕ la catégorie
canoeing [kə'nuːɪŋ]	Kanufahren; Kanusport	**canoe** She's about to go **canoeing**.
poetry ['pəʊətri]	Lyrik, Dichtung, Poesie	Ⓛ poeta *(Dichter)*

Part B

p. 66 **experiment** [ɪk'sperɪmənt]   Experiment   ❗ stress: **ex<u>pe</u>riment** [ɪk'sperɪmənt]

 (L) experiri *(erproben)*

virus ['vaɪrəs],   Virus
pl **viruses** ['vaɪrəsɪz]

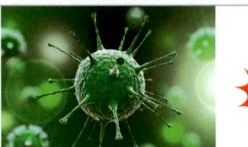

(to) **diagnose** ['daɪəgnəʊz]   diagnostizieren   Doctors can't treat a patient until they have ~**d** the illness.

the sooner ..., the better ...   je eher ..., desto besser ...

German "je ..., desto ..."

The sooner you start, **the sooner** you'll be finished.	Je eher du anfängst, desto eher bist du fertig.
The more you practise, **the better** you'll become.	Je mehr du übst, desto besser wirst du.
The later the evening, **the more beautiful** the guests.	Je später der Abend, desto schöner die Gäste.

---

refrigeration [rɪˌfrɪdʒə'reɪʃn]   Kühlung   Without ~, meat starts to smell after a few hours.

(L) frigidus *(kalt)*

lab [læb] *(kurz für:*   Labor   (F) le laboratoire   (L) laborare *(arbeiten)*
laboratory [lə'bɒrətri])

company ['kʌmpəni]   Firma   My uncle works for an oil ~ in Scotland.

(to) **refuse (to do** sth.**)** [rɪˈfjuːz]	sich weigern (, etwas zu tun); ablehnen	He ~d to help his brother although he had problems. She was very proud and ~d her friend's help. (F) refuser
chemical [ˈkemɪkl]	Chemikalie	
in time (for)	rechtzeitig (zu/für)	If we hurry up, we might get home **in ~ for** the news.
passion [ˈpæʃn]	Leidenschaft	Music isn't just my hobby - it's my ~! (F) la passion (L) pati *(leiden)*
(to) **develop** [dɪˈveləp]	entwickeln; sich entwickeln	Our company ~s and sells software. (F) développer The village ~ed into a town in only ten years.
current [ˈkʌrənt]	aktuelle(r, s), gegenwärtige(r, s)	This song is the ~ number 1 in the USA. (L) currere *(laufen)*
(to) **submit** sth. **(to)** [səbˈmɪt]	etwas einreichen (bei)	Please ~ your report by the end of the week.
fair [feə]	Ausstellung, Messe	
(to) **include** [ɪnˈkluːd]	einschließen; beinhalten	Does the trip ~ a tour of the Tower of London? Our group also ~d three children. (= Zu unserer Gruppe gehörten auch drei Kinder.) (F) inclure (L) includere *(einschließen)*
medicine [ˈmedsn, ˈmedɪsn]	Medizin; Arznei	❗ stress: **medicine** [ˈmedsn, ˈmedɪsn] (F) la médecine (L) medicina *(Heilkunst, -mittel)*
such as [ˈsʌtʃ_əz]	wie etwa	I like ball sports **such ~** football, basketball or hockey. (= … like football, basketball or hockey)

motivation [ˌməʊtɪˈveɪʃn]	Motivation, Beweggrund	I need to finish my homework but don't feel any ~.	(F) la motivation (L) movere *(bewegen)*

p. 67 **mouse** [maʊs]**,** *pl* **mice** [maɪs]   Maus

a **mouse**   (L) mus

evolution [ˌiːvəˈluːʃn]	Evolution	the way life-forms change over generations	(F) l'évolution *(f)*
(to) **tackle** sth. [ˈtækl]	etwas in Angriff nehmen	The government must ~ the problem of racism.	
biology [baɪˈɒlədʒi]	Biologie	❗ stress: **bio̲logy** [baɪˈɒlədʒi]	(F) la biologie
equal [ˈiːkwəl]	gleich	Do men and women really have ~ rights?	(L) aequus, -a, -um *(gleich)*

fur [fɜː]   Fell; Pelz   **fur**

thick [θɪk]	dick	❗ German **dick** = **1. fat** *(person, animal)* **2. thick** *(book, pullover, sauce, skin, wall, …)*	
blind alley [ˌblaɪnd ˈæli]	Sackgasse, Irrweg	**blind** = blind · **alley** = Gasse	

(to) **have** sth. **done**	etwas machen *(erledigen)* lassen	Your hair looks nice. Did you cut it yourself or did you ~ **it cut**? There's something wrong with our car. We need to ~ **it checked**.
in the long term [tɜːm]	langfristig, auf lange Sicht	Is buying expensive things cheaper **in the long ~**?
understanding [ˌʌndəˈstændɪŋ]	Verständnis	My brother has a good ~ of computers but isn't very good at languages.
principle [ˈprɪnsəpl]	Prinzip	❗ stress: **principle** [ˈprɪnsəpl] (F) le principe
they **do eat** more white mice	sie fressen wirklich mehr weiße Mäuse	

"do/does/did" in positive statements

In bejahten Aussagesätzen im *simple present* und *simple past* kannst du **do/does/did** + **Infinitiv** verwenden, um dem folgenden Verb besonderen Nachdruck zu verleihen. Das Hilfsverb **do/does/did** trägt in diesen Fällen die Hauptbetonung.

I **do like** that dress. It **does look** good on you.   Das Kleid gefällt mir wirklich gut. Es steht dir echt gut.

Why don't you help me? You **did promise.**   … Du hast es doch versprochen.

Maybe we're early. – But they **did say** eight o'clock.   … Aber sie haben wirklich acht Uhr gesagt.

(to) **succeed (in** sth.**)** [səkˈsiːd]	erfolgreich sein, Erfolg haben (mit etwas, bei etwas)	(to) be successful (at sth.) If you want to ~ in life, you have to make mistakes.

p. 68	(to) **announce** [əˈnaʊns]	bekanntgeben, verkünden	The winner will be ~**d** tomorrow. verb: (to) **announce** – noun: **announcement** (F) annoncer (L) annuntiare
	spontaneous [spɒnˈteɪniəs]	spontan	He hadn't planned to go; it was a ~ decision.
	pirate [ˈpaɪrət]	Pirat/in	❗ pronunciation: **pirate** [ˈpaɪrət] (F) le/la pirate
p. 69	(to) **focus (on sth.)** [ˈfəʊkəs]	sich (auf etwas) konzentrieren	The text about mice ~**ed** on evolution.
p. 70	(to) **search** sth. **for** sth. [sɜːtʃ]	etwas nach etwas durchsuchen	The police ~**ed** the whole flat **for** clues, but they couldn't find any.
	(to) **save** [seɪv]	speichern, sichern (Daten)	❗ **save** = **1.** retten – She **saved** the dog's life. **2.** sparen – **Save** money. Shop at *Cheapster*. **3.** speichern, sichern – I **save** my work every five minutes.
	(to) **limit** sth. **(to)** [ˈlɪmɪt]	etwas beschränken, begrenzen (auf); etwas einschränken	The audience was ~**ed to** 600 people. (F) limiter verb: (to) **limit** – noun: **limit** (L) limes m (Grenzlinie)
	carefully [ˈkeəfəli]	sorgfältig, aufmerksam	❗ **carefully** = **1.** vorsichtig – Drive **carefully**. **2.** sorgfältig, aufmerksam – Listen **carefully**. / Read the description **carefully**.
	(to) **produce** [prəˈdjuːs]	produzieren, erzeugen, herstellen	Who ~**s** more cheese – France or Germany? (F) produire (L) producere (hervorbringen)
	source [sɔːs]	Quelle	I think a book ist better for research than an online ~. (F) la source

unless [ən'les]	es sei denn; außer (wenn)	You'll fail the test ~ you work harder. (= … if you don't work harder)
(to) **quote** [kwəʊt]	zitieren	verb: (to) **quote** – noun: **quotation**, **quote**
quotation marks *(pl)* [kwəʊ'teɪʃn mɑːks]	Anführungszeichen, -striche	
p.71 **gesture** ['dʒestʃə]	Geste, Handbewegung	The most common ~ is probably nodding your head. (F) le geste

Part C

p.72 **mascot** ['mæskət]	Maskottchen	❗ stress: **mascot** ['mæskət]
marathon ['mærəθən]	Marathon	(F) le marathon
(to) **sew** [səʊ], **sewed** [səʊd], **sewn** [səʊn]	nähen	She's **sewing** a button on. (Knopf) ❗ pronunciation: **sew** [səʊ]
creative [kri'eɪtɪv]	kreativ	❗ stress: **creative** [kri'eɪtɪv] (F) créatif, créative (L) creare (schaffen, hervorbringen)
(to) **rely on** sb./sth. [rɪ'laɪ]	sich auf jn./etwas verlassen	Can I ~ **on** you to remember to phone me tomorrow?
(to) **contact** sb. ['kɒntækt]	Kontakt zu jm. aufnehmen, sich bei jm. melden	noun: **contact** – verb: (to) **contact** (F) contacter ❗ stress: **contact** ['kɒntækt] (L) contingere

(to) **damage** ['dæmɪdʒ]	(be)schädigen, schaden	Smoking ~**s** your health. $\quad$ Ⓛ damnum The car had hit a tree. It was badly ~**d**. $\quad$ *(Schaden)*
trust [trʌst]	Stiftung	The National **Trust** owns many historical buildings in the UK.
(to) **restore** [rɪ'stɔː]	restaurieren, wiederherstellen	He's **restoring** an old chair. Ⓕ restaurer Ⓛ restituere *(wiederherstellen)*
applicant ['æplɪkənt]	Bewerber/in	There were over 30 ~**s** for the job. $\quad$ Ⓛ applicare
CV (curriculum vitae) [ˌsiː 'viː, kəˌrɪkjələm 'viːtaɪ] *(BE)*	Lebenslauf	At the age of 15, your **CV** is probably not very long.
personal ['pɜːsənl]	persönlich	Could we meet? I need to talk about a ~ problem. Ⓕ personnel, le
statement ['steɪtmənt]	Aussage, Erklärung	**personal statement** = Motivationsschreiben *(bei Bewerbungen)*
candidate ['kændɪdət]	Bewerber/in, Kandidat/in	❗ stress: **can**didate ['kændɪdət] Ⓕ le candidat, la candidate $\quad$ Ⓛ candidatus
date [deɪt]	Datum	Ⓕ la date $\quad$ Ⓛ dare *(geben)*
reverse [rɪ'vɜːs]	umgekehrte(r, s), entgegengesetzte(r, s)	How quickly can you say the alphabet in ~ order? Ⓛ reverti *(zurückkehren)*
term [tɜːm]	Ausdruck, Begriff	

(to) **proofread** sth. ['pru:fri:d], **proofread, proofread** [-red]	etwas Korrektur lesen	Before you send off your application, have it **proofread** by somebody to make sure there are no mistakes in it.
p. 73 **neighbourhood** ['neɪbəhʊd]	Viertel, Gegend, Umgebung; Nachbarschaft	Do you live in a poor or rich ~?
(to) **increase** [ɪn'kri:s]	erhöhen, steigern, vergrößern; (an)steigen, zunehmen	They have **~d** the price of the book to €20. House prices in London have **~d** again. *(L)* increscere *(anwachsen)*
knowledge *(no pl)* ['nɒlɪdʒ]	Wissen; Kenntnis(se)	Boris has a great ~ of Latin and Greek. verb: (to) **know** [nəʊ] – noun: **knowledge** ['nɒlɪdʒ]
to date	bis heute, bis jetzt	I think his latest book is his best **to ~**.
secondary school ['sekəndri]	weiterführende Schule	
primary school ['praɪməri]	Grundschule	
qualification [ˌkwɒlɪfɪ'keɪʃn]	Qualifikation	What **~s** do you need for this job? *(F)* la qualification
felt craft ['felt krɑ:ft]	Filzen	
completion [kəm'pli:ʃn]	Abschluss; Fertigstellung	*(L)* complere *(anfüllen)*
IT [ˌaɪ 'ti:] **(information technology** [tek'nɒlədʒi]**)**	IT (Informationstechnologie)	
Roman ['rəʊmən]	römisch	*(F)* romain, e *(L)* Romanus

Unit 4   It's up to you

It's up to you.	Du hast die Wahl. / Du entscheidest.	I don't mind if you go or stay: **it's ~ to you**.
the Antarctic [æn'tɑːktɪk]	die Antarktis	
(to) **rise up** [ˌraɪz_'ʌp], **rose** [rəʊz], **risen** ['rɪzn]	sich erheben	The people **rose** ~ against their government.
collective [kə'lektɪv]	kollektiv, gemeinschaftlich, vereint	Did you all agree? Was it a ~ decision? ⓛ colligere (*sammeln*)
(to) **cycle** ['saɪkl]	Rad fahren, mit dem Rad fahren	**cyclists** in London
(to) **bring** sth. **about** [ˌbrɪŋ_ə'baʊt]	etwas hervorrufen, etwas herbeiführen, etwas bewirken	If we all want to be happy, we must **bring** ~ change.
initiative [ɪ'nɪʃətɪv]	Initiative, Aktion	❗ stress: **initiative** [ɪ'nɪʃətɪv] Ⓕ l'initiative (*f*) ⓛ initium (*Beginn*)
(to) **sign** [saɪn]	unterschreiben	Fill in the form and ~ it, please. Ⓕ signer

petition [pə'tɪʃn]	Petition, Eingabe, Unterschriftensammlung	❗ stress: pe**ti**tion [pə'tɪʃn]	(F) la pétition (L) petere (*zu erreichen suchen*)
sit-in ['sɪtɪn]	Sit-in, Sitzstreik		
march [mɑːtʃ]	Marsch, Demonstration		
(to) **go on strike** [straɪk]	streiken, in den Streik treten		
(to) **boycott** sth. ['bɔɪkɒt]	etwas boykottieren	❗ stress: **boy**cott ['bɔɪkɒt]	
product ['prɒdʌkt]	Produkt	❗ verb: (to) pro**duce** [prə'djuːs] – noun: **prod**uct ['prɒdʌkt]	(L) producere (F) le produit

Part A

p. 84	**the United Nations (UN)** [juˌnaɪtɪd 'neɪʃnz]	die Vereinten Nationen	
	conference ['kɒnfrəns]	Konferenz, Kongress	❗ stress: **con**ference ['kɒnfrəns] (F) la conférence (L) conferre (*zusammentragen*)
	(to) **slow** sth. **down**	etwas verlangsamen	(to) **speed up** ◄► (to) **slow down**
	installation [ˌɪnstə'leɪʃn]	Installation	The ~ of new software can take hours.
	(to) **create** [kri'eɪt]	schaffen, erschaffen, kreieren	(F) créer (L) creare

(to) **project** sth. **(on, onto)** [prə'dʒekt]	etwas projizieren (auf/an)	

projector
(*not:* ~~beamer~~)

She's about to **project** something **onto** the classroom wall.

❗ verb: (to) **project** [prə'dʒekt] – (F) projeter
noun: **project** ['prɒdʒekt] (L) proicere (*vorwerfen*)

p. 85	**all of a sudden** ['sʌdn]	plötzlich	= suddenly
p. 86	**past** [pɑːst]	vergangene(r, s); letzte(r, s)	There were no smartphones in the ~ century. I haven't seen him in the ~ three days.
	narrative ['nærətɪv]	Erzähl-	

• **the narrative tenses**	die Erzähltempora
• **first-person narrative**	Ich-Erzählung
• **narrator** [nə'reɪtə]	Erzähler/in
• **first-person narrator**	Ich-Erzähler/in

	in progress ['prəʊgres]	im Gange, im Verlauf	You can't go in, there's a conference **in** ~.
			(L) progredi (*voranschreiten*)
	sight [saɪt]	Anblick	
	by the time	wenn, bis	I'll have dinner ready **by the** ~ you get back.
	(to) take a break	eine Pause machen	We've worked long enough now. Let's **take a** ~.

p.87 (to) **interpret** sth. [ɪn'tɜ:prɪt]	etwas interpretieren, deuten	**!** stress: **interpret** [ɪn'tɜ:prɪt]	
		Ⓛ interpres *(Vermittler, Dolmetscher)*	
(to) **contain** [kən'teɪn]	enthalten	Ⓕ contenir	
		Ⓛ continere *(zusammenhalten)*	
concerned (about) [kən'sɜ:nd]	besorgt (über/um)	I'm very ~ **about** Jake. He never looks happy. Everyone should feel ~ **about** global warming.	
(to) **depict** sth. [dɪ'pɪkt] *(fml)*	etwas darstellen, abbilden, zeigen	The painting ~**s** the artist's mother. Ⓛ pingere *(malen)*	
(to) **comment** ['kɒment]	bemerken, sagen; sich äußern, einen Kommentar abgeben	When he saw his mum's new car, he just ~**ed** "Nice!". The President refused to ~ on the news. Ⓕ commenter	
(to) **analyse** ['ænəlaɪz]	analysieren	**!** stress: **analyse** ['ænəlaɪz]	
environmental [ɪn,vaɪrən'mentl]	Umwelt-	noun: **environment** – adj: **environmental**	
political [pə'lɪtɪkl]	politisch	noun: **politics** ['pɒlətɪks] – adj: **political** [pə'lɪtɪkl] Ⓕ politique	
(to) **focus on** sth. ['fəʊkəs]	den Blick/die Aufmerksamkeit auf etwas lenken; auf etwas fokussieren	**!** (to) **focus on** = 1. sich konzentrieren auf; 2. den Blick/die Aufmerksamkeit lenken auf	

cactus ['kæktəs], *pl* **cactuses** ['kæktəsız] *or* **cacti** ['kæktaɪ]	Kaktus	

effective [ɪ'fektɪv]	effektiv, wirkungsvoll	❗ stress: **effective** [ɪ'fektɪv] noun: **effect** ((Aus-)Wirkung) – adj: **effective** ⓛ efficere *(bewirken)*

(to) **make** sb. **do** sth.	jn. dazu bringen, etwas zu tun; jn. zwingen, etwas zu tun	Sad films always ~ me **cry**. I didn't want to go to Uncle Adam's birthday party, but my parents **made** me **go**.

(to) make sb. do sth. – (to) let sb. do sth.

(to) <u>make</u> sb. do sth. = jn. dazu bringen/jn. zwingen, etwas zu tun	Mum tried to **make me talk** about my feelings.
(to) <u>let</u> sb. do sth. = jn. etwas tun lassen; jm. erlauben, etwas zu tun; zulassen, dass jemand etwas tut	Our teacher **lets us talk** to our neighbours in class.

(to) **come across**	verstanden werden; ankommen, „rüberkommen" *(Botschaft)*	Maybe you meant to be friendly, but the message didn't **come ~**. He doesn't **come ~** as a very nice person.

Part B

p. 88 (to) **take a stand (on** sth.**)**	Stellung beziehen (zu etwas); ein Zeichen setzen	I'm **taking a ~ on** pollution by using cotton bags.
threat [θret]	Drohung, Bedrohung, Androhung	He said he would beat me up, but it was just an empty ~.
anonymous [əˈnɒnɪməs]	anonym	❗ stress: **anonymous** [əˈnɒnɪməs] Ⓕ anonyme
prime minister [ˌpraɪm ˈmɪnɪstə]	Premierminister/in	The British **prime ~** lives at 10 Downing Street. Ⓕ le premier ministre/la première ministre
ministry [ˈmɪnɪstri]	Ministerium	❗ stress: **ministry** [ˈmɪnɪstri] Ⓕ le ministère
slaughter [ˈslɔːtə]	Schlachtung; Abschlachten	Pigs are often taken to ~ by lorry. Ten thousand soldiers died in the ~.
anger [ˈæŋgə]	Wut, Zorn	adj: **angry** – noun: **anger**
off the coast	vor der Küste	The ship sank two miles ~ **the coast** of Devon.
cove [kəʊv]	(kleine) Bucht	
either … or … [ˈaɪðə], [ˈiːðə]	entweder … oder …	It's up to you: **either** you stay ~ you leave now.
alcohol [ˈælkəhɒl]	Alkohol	Ⓕ l'alcool (m)
licence (BE), **license** (AE) [ˈlaɪsns]	Lizenz, Genehmigung	❗ stress: **licence** [ˈlaɪsns] Ⓛ licentia (Erlaubnis)

campaign [kæm'peɪn]	Kampagne	• a campaign for/against eine Kampagne für/gegen • (to) campaign for/against sich einsetzen, kämpfen für/gegen • campaigner [kæm'peɪnə] Aktivist/in
fine [faɪn]	Geldstrafe	My mum got a ~ for driving through a red light.
owner ['əʊnə]	Besitzer/in, Eigentümer/in	
meeting ['miːtɪŋ]	Besprechung, Versammlung, Treffen	The drama club ~s take place every Monday evening.
councillor ['kaʊnsələ]	Ratsmitglied, (Stadt-, Gemeinde-)Rat/Rätin	(L) concilium (Versammlung)
(to) deny [dɪ'naɪ]	bestreiten, abstreiten; leugnen	I don't ~ loving her. But I also don't ~ that she hates me.
(to) pass [pɑːs]	verabschieden, genehmigen (Gesetz, Antrag)	The new fishing law will probably be ~ed tomorrow.

(to) pass

(to) pass		
1. (time) (to) pass	vergehen, vorübergehen	Time **passes** quickly when you're on holiday.
2. (to) pass sth./sb.	an etwas/jm. vorbeigehen/-fahren	He **passed us** on his way to the bar, but he didn't say hello.
3. (to) pass (the ball)	(den Ball) abspielen	Draxler **passed** to Kimmich, who scored the third goal.
4. (to) pass a test/an exam	einen Test/eine Prüfung bestehen	I **passed the exam** and got an "A".
5. (to) pass a law	ein Gesetz verabschieden	The new fishing law will probably be **passed** tomorrow.
6. (to) pass sth. around	etwas herumgeben, -reichen	These are our holiday photos. I'll **pass them around**.

(to) **risk** [rɪsk]	riskieren; aufs Spiel setzen	If you drive so fast, you ~ killing yourself. ⒡ risquer
p. 89 (to) **buy into** sth. *(infml)*	etwas glauben, an etwas glauben	I can't **buy** ~ the idea that old people are boring.
myth [mɪθ]	Mythos	Is there more milk in white chocolate than in dark chocolate? Or is that just a ~? ⒡ le mythe
gender ['dʒendə]	Geschlecht *(als soziales Merkmal)*	There are ~ differences, of course, but men and women should still be equal.
equality [ɪ'kwɒləti]	Gleichheit, Gleichberechtigung	adj: **equal** ['iːkwəl] – noun: **equality** [ɪ'kwɒləti]
reality [ri'æləti]	Realität, Wirklichkeit	❗ stress: **reality** [ri'æləti] ⒡ la réalité adj: **real** ['riːəl] – noun: **reality**
pay [peɪ]	Bezahlung, Lohn	verb: (to) **pay (for)** – noun: **pay**
safety ['seɪfti]	Sicherheit	adj: **safe** – noun: **safety**
accident ['æksɪdənt]	Unfall	There's been an ~. Can someone call the police, please? ⒡ l'accident *(m)* ⒧ accidere *(hinfallen; geschehen)*
survey ['sɜːveɪ]	Umfrage, Untersuchung	We're doing a ~ on pocket money in class.
MP [ˌem'piː] (= Member of Parliament)	Parlamentsmitglied, Abgeordnete(r)	*in Britain:* **MP** (Member of Parliament) *in Germany:* **MdB** (Mitglied des Deutschen Bundestags)
(to) **take action**	etwas unternehmen, tätig werden	We need to ~ **action** and solve this problem.

| (to) **admit** [əd'mɪt] | zugeben, (ein)gestehen | After a long discussion I had to ~ that I was wrong. Do you ~ stealing the money? (to) **admit** sth. ◄► (to) **deny** sth. |
| | | *(L)* admittere *(zulassen)* |

| (to) **be to** | *(tun)* werden; sollen | |

(to) be to do sth.

Mit **(to) be to + Infinitiv** kann man …

· ausdrücken, dass etwas **offiziell vereinbart** ist:
The president **is to open** the museum on May 3rd.   Die Präsidentin **wird** das Museum am 3. Mai **eröffnen**.

· **Anweisungen** geben (bzw. die Anweisungen anderer weitergeben):
OK, you can go to that party. But you**'re to be** back by ten.   … Aber ihr **müsst** um zehn zurück **sein**.
Dad said we **were to be** back by ten.   Dad hat gesagt, wir **sollen** um zehn zurück **sein**.

| **solution (to)** [sə'luːʃn] | Lösung (für) *(Problem; Aufgabe)* | *English:* **the solution to** this problem *German:* **die Lösung für** dieses Problem / **die** Lösung dieses Problems |
| | | *(F)* la solution   *(L)* solvere *(lösen)* |

| **certainly** ['sɜːtnli] | sicher(lich), auf jeden Fall | This is a big problem, but we'll ~ find a solution. |
| | | *(F)* certainement   *(L)* certus, -a, -um *(sicher)* |

| (to) **consider** sth. [kən'sɪdə] | etwas bedenken, berücksichtigen; sich mit etwas befassen | Before you start, ~ the following questions: … |
| | | *(L)* considerare *(überlegen)* |

| (to) **consider doing** sth. | erwägen, etwas zu tun; in Betracht ziehen, etwas zu tun | Have you ~ed applying to a foreign university? |

p. 90 **space** [speɪs]	Platz, Raum	I need new shelves. There's no ~ for my books! ⒡ l'espace (m) ⒧ spatium (Raum, Zwischenraum)
(to) **take up** space/time	Raum/Zeit einnehmen, beanspruchen	Your books just ~ **up** too much space. Where can I put my DVDs?
helmet ['helmɪt]	Helm	Never ride your bike without a ~. You risk hurting your head if you have an accident.
(to) **be happy to do** sth.	gern etwas tun; (gern) bereit sein, etwas zu tun	I'd **be** ~ **to** help you if you can't do it alone.
p. 91 (to) **weaken** ['wiːkən]	schwächen	
weak [wiːk]	schwach	**weak** ◄► **strong**
pain [peɪn]	Schmerz(en)	*English:* (to) **be in pain** *German:* **Schmerzen haben**
(to) **raise your voice** [reɪz]	seine Stimme erheben	⒧ vox (Stimme)

(to) raise

1. (to) **raise money** — Geld sammeln — The school tried to **raise money** for Children in Need.
2. (to) **raise your voice** — seine Stimme erheben — Don't you **raise your voice** at me!
3. (to) **raise an issue/** — ein Thema zur Sprache bringen; — He **raised the** difficult **issue** of the money he had lent us.
   a question — eine Frage aufwerfen/vorbringen
4. (to) **raise children** — Kinder auf-/großziehen — I was born and **raised** in England.
5. (to) **raise chicken** — Hühner züchten, halten — Mr Brown **raises** chicken on his farm in Devon.

(to) **feel like** sth. / (to) **feel like doing** sth.	Lust auf etwas haben / Lust haben, etwas zu tun	Does anyone **feel ~** an ice cream? (= … want an ice cream?) It was so hot, I **felt ~ going** for a swim.
(to) **regret** sth. / (to) **regret doing** sth. [rɪˈgret]	etwas bedauern, bereuen / bedauern, bereuen, etwas getan zu haben	(to) wish that you hadn't done something Jake hates his new bike. He **~s buying** it. (Er bereut, es gekauft zu haben / …, dass er es gekauft hat.) ⒡ regretter

not … anywhere [ˈeniweə]	nirgendwo; nirgendwohin	**anywhere**
		• We did**n't** go **anywhere** this summer.
		  (nirgendwohin)
		• Did you go **anywhere** last night**?**
		  (irgendwohin?)
		• I wouldn't want to live **anywhere** else.
		  (irgendwo anders; irgendwo sonst)

(to) **protest** sth. [prəˈtest]	gegen etwas protestieren	*English:* (to) **protest against sth.** *or* (to) **protest sth.** *German:* **gegen etwas protestieren** ⒡ protester (contre)
after all [ˌɑːftər ˈɔːl]	(schließlich) doch	I know him very well. **After ~**, we've been friends for ten years.

involvement (in) Engagement (für); Beteiligung (L) involvere *(hineinwickeln)*
[ɪnˈvɒlvmənt] (an)

involvement		
involvement	His **involvement** in the peace movement made him famous.	Engagement (für); Beteiligung (an)
(to) **get involved (in)**	She **got involved in** politics because she wanted to change things.	sich engagieren (für, bei); sich beteiligen (an)
(to) **be involved (in)**	We **have been involved in** our local church for 7 years.	beteiligt sein (an); etwas zu tun haben (mit)

senator [ˈsenətə] Senator/in

activist [ˈæktɪvɪst] Aktivist/in ❗ stress: **activist** [ˈæktɪvɪst] (F) l'activiste *(m, f)*
  activism [ˈæktɪvɪzəm] Aktivismus **activism** [ˈæktɪvɪzəm] (L) agere *(tun)*

immigration [ˌɪmɪˈɡreɪʃn] Einwanderung (F) l'immigration *(f)* (L) immigrare *(einwandern)*

citizen [ˈsɪtɪzn] (Staats-)Bürger/in Mr Evans has applied to become a German ~.
(F) le citoyen, la citoyenne

congress [ˈkɒŋɡres] Kongress ❗ stress: **congress** [ˈkɒŋɡres] (F) le congrès
(L) congredi *(zusammenkommen)*

democracy [dɪ'mɒkrəsi]	Demokratie	❗ stress: **de**mocracy [dɪ'mɒkrəsi] Ⓕ la démocratie	
(to) **demonstrate (for/ against)** ['demənstreɪt]	(für/gegen etwas) demonstrieren	They're **demonstrating against** war.	
		verb: (to) **demonstrate** ['demənstreɪt] – noun: **demonstration** [ˌdemən'streɪʃn]	
(to) **discriminate against** sb. [dɪ'skrɪmɪneɪt]	jn. diskriminieren, jn. benachteiligen	*English:* (to) **discriminate against sb.** *German:* **jn. diskriminieren** verb: (to) **discriminate against** [dɪ'skrɪmɪneɪt] – noun: **discrimination (against)** [dɪˌskrɪmɪ'neɪʃn]	

Part C

p. 96	(to) **be based on** sth. [beɪst]	auf etwas basieren	Ⓕ être basé(e) sur qc
	(to) **escape** sth. [ɪ'skeɪp]	etwas entfliehen, entkommen	He ~**d** punishment because he was only 13.
	violence ['vaɪələns]	Gewalt; Gewalttätigkeit	My father says there's too much ~ on TV. Ⓕ la violence Ⓛ violentia
	dawn [dɔːn]	(Morgen-)Dämmerung	The birds wake up and start singing at ~.
	(to) **gather** ['gæðə]	sich versammeln	The head teacher asked all students to ~ in the gym.
	horrible ['hɒrəbl]	grauenhaft, entsetzlich	There's been another ~ accident on the motorway. Ⓕ horrible Ⓛ horribilis *(schrecklich)*
	(to) **struggle** ['strʌgl]	kämpfen, sich wehren	verb: (to) **struggle** – noun: **struggle** (Kampf)

pyjamas *(pl)* [pə'dʒɑːməz]	Schlafanzug	❗ Wie die Wörter **trousers, jeans, shorts** ist auch **pyjamas** ein Plural-Wort. Vergleiche: *English:* Where **are** my **pyjamas**? *German:* Wo **ist** …? a pair of **pyjamas**	
exam [ɪg'zæm]	Prüfung	*English:* (to) **take an exam** *German:* **eine Prüfung ablegen**	
line [laɪn]	(Telefon-)Leitung	Ⓛ linea *(Schnur; Strich)*	
appeal [ə'piːl]	Berufung, Revision	After the ~, he had to go to prison for only a year.	
p. 97 **demand (for)** [dɪ'mɑːnd]	Forderung (nach)	a very strong request: **~s** for money	
the Home Office ['həʊm_ɒfɪs] *(BE)*	das Innenministerium *(in Großbritannien)*		
department [dɪ'pɑːtmənt]	Abteilung; Fachbereich	Which ~ do you work in? – The production ~.	
playground ['pleɪgraʊnd]	Spielplatz; Schulhof	a **playground**	
riot ['raɪət]	Aufruhr, Aufstand	The peaceful march soon became a ~.	
civil war [ˌsɪvl 'wɔː]	Bürgerkrieg	Ⓛ civis *m (Bürger)*	

minority [maɪ'nɒrəti]	Minderheit	There are 18 girls and 10 boys in my class. The boys are in the ~. *(F)* la minorité
(to) persuade [pə'sweɪd]	überreden	I didn't want to go at first, but Paul ~**d** me that it would be fun. *(F)* persuader *(L)* persuadere
(to) take notice (of sth.) ['nəʊtɪs]	auf etwas aufmerksam werden, etwas zur Kenntnis nehmen	*(L)* notare *(bemerken)*
attention [ə'tenʃn]	Aufmerksamkeit	*(F)* l'attention *(f)* *(L)* attentus, -a, -um *(aufmerksam)*

attention

(to) **draw attention to** sth.	How can we **draw attention to** the slaughter of dolphins in Japanese waters? May I **draw your attention to** a few mistakes?	auf etwas aufmerksam machen; die Aufmerksamkeit auf etwas lenken
(to) **attract/catch/grab sb.'s attention**	It was his smile that first **attracted my attention**. He shouted to **grab/catch her attention**.	jemandes Aufmerksamkeit erregen; jemandes Aufmerksamkeit gewinnen
(to) **pay attention (to)**	Stop talking now and **pay attention**. You never **pay attention to** what I'm saying.	aufmerksam sein, aufpassen; zuhören, Beachtung schenken

case [keɪs]	Fall	"This will be a very difficult ~," the police officer said. *(F)* le cas *(L)* casus
(to) **broadcast, broadcast, broadcast** ['brɔːdkɑːst]	senden, ausstrahlen, übertragen *(Rundfunk, Fernsehen)*	CNN started ~**ing** in 1980. *Mr Bean* was first ~ in 1990.

use [juːs]	Gebrauch, Verwendung; Nutzen	**!** pronunciation: (to) **use** (verb) [juːz] **use** (noun) [juːs] (L) usus **use** (noun) = 1. Gebrauch, Verwendung – the **use** of dictionaries 2. Nutzen – What **use** is Latin today?
loads (of) [ləʊdz] (infml)	eine Menge	= lots of
though [ðəʊ]	aber; allerdings; jedoch	She was born in France. She isn't French ~. (= … She isn't French, however.) **!** Das Adverb **though** steht am Satzende, anders als die deutschen Entsprechungen.
ability [əˈbɪlɪti]	Fähigkeit, Können	Jonny shows great scientific ~.
nomadic people [nəˈmædɪk]	Nomadenvolk	
victim [ˈvɪktɪm]	Opfer	No one should be a ~ of bullying. (F) la victime
persecution [ˌpɜːsɪˈkjuːʃn]	Verfolgung (aus religiösen, ethnischen, weltanschaulichen Gründen)	The ~ of African Americans is still a problem. (F) la persécution (L) persequi (verfolgen)
attempt [əˈtempt]	Versuch	His third ~ was successful. (L) temptare (versuchen)
(to) **forbid** [fəˈbɪd], **forbade** [fəˈbæd, fəˈbeɪd], **forbidden** [fəˈbɪdn]	verbieten	Smoking in pubs was **forbidden** by the UK government in 2007.

	the Holocaust ['hɒləkɔːst]	der Holocaust *(Massenmord an den Juden in der Zeit des Nationalsozialismus)*	
	widespread ['waɪdspred]	weitverbreitete(r, s)	There is ~ support for this idea in the UK.
p. 100	**intention** [ɪn'tenʃn]	Absicht, Intention	❗ stress: **inten**tion [ɪn'tenʃn] Ⓕ l'intention (f) Ⓛ intendere *(beabsichtigen)*
p. 101	**(to) refine** [rɪ'faɪn]	verfeinern, verbessern	Try to ~ your search if you can't find what you're looking for.
	(to) summarize ['sʌməraɪz]	zusammenfassen	Can you ~ the main points of the film?
	summary ['sʌməri]	Zusammenfassung	What happens in the film? Give me a quick ~.
	proof (of) *(no pl)* [pruːf]	Beweis(e) (für)	If you want me to believe you, you need to show me ~. Ⓕ la preuve Ⓛ probare *(prüfen)*
	corn *(no pl)* [kɔːn]	*AE:* Mais; *BE:* Korn, Getreide	

corn *(AE)*   **corn** *(BE)*

	crop [krɒp]	(Feld-)Frucht); Ernte	What kinds of ~s do you grow on this farm?
	acre ['eɪkə]	*Flächenmaß (= 0,405 Hektar)*	

recently ['riːsntli]	vor Kurzem, neulich; in letzter Zeit	I met my old class teacher in London ~.
		There have been a lot of accidents in our street ~.
		ⓕ récemment ⓛ recens *(frisch, neu)*
shocking ['ʃɒkɪŋ]	schockierend	❗ I was **shocked** when I heard the news. **schockiert**
		There was a **shocking** article in the **schockierend**
		paper yesterday.
(to) **propose** [prə'pəʊz]	vorschlagen	I ~ we go to London next weekend.
		ⓕ proposer ⓛ proponere
forward ['fɔːwəd]	vorwärts, nach vorn	He moved ~ to kiss her, but she moved backwards.
(*BE auch:* **forwards**)		
a hundred years **from now**	in einhundert Jahren	A week **from now** I'll be in France.
memorable ['memərəbl]	einprägsam; unvergesslich	The song *Hey Jude* has a very ~ chorus.
		I will never forget that ~ weekend.
		ⓛ memor *(eingedenk)*
(to) **suffer (from)** ['sʌfə]	leiden (an); erleiden	I often ~ **from** headaches. (= leiden an)
		He ~**ed** a heart attack. (= Er erlitt einen Herzinfarkt.)
		ⓕ souffrir (de qc)

Irregular verbs

infinitive	simple past	past participle	
(to) **be**	**was; were**	**been**	sein
(to) **beat**	**beat**	**beaten**	schlagen; besiegen
(to) **become**	**became**	**become**	werden
(to) **begin**	**began**	**begun**	beginnen, anfangen
(to) **bend**	**bent**	**bent**	sich bücken, sich beugen
(to) **bite** [aɪ]	**bit** [ɪ]	**bitten** [ɪ]	beißen
(to) **blow sth. out**	**blew**	**blown**	etwas auspusten, ausblasen
(to) **break** [eɪ]	**broke**	**broken**	brechen; zerbrechen
(to) **bring**	**brought**	**brought**	(mit-, her)bringen
(to) **broadcast**	**broadcast**	**broadcast**	senden, ausstrahlen, übertragen (Rundfunk, Fernsehen)
(to) **build**	**built**	**built**	bauen
(to) **burst**	**burst**	**burst**	platzen
(to) **buy**	**bought**	**bought**	kaufen
(to) **catch**	**caught**	**caught**	fangen
(to) **choose** [uː]	**chose** [əʊ]	**chosen** [əʊ]	aussuchen, (aus)wählen; sich aussuchen

(to) **come**	**came**	**come**	kommen
(to) **cost**	**cost**	**cost**	kosten
(to) **cut**	**cut**	**cut**	schneiden
(to) **dig**	**dug**	**dug**	graben
(to) **do**	**did**	**done** [ʌ]	tun, machen
(to) **draw**	**drew**	**drawn**	zeichnen
(to) **drive** [aɪ]	**drove** [əʊ]	**driven** [ɪ]	(mit dem Auto) fahren
(to) **drink**	**drank**	**drunk**	trinken
(to) **eat**	**ate** [et, eɪt]	**eaten**	essen
(to) **fall**	**fell**	**fallen**	fallen, stürzen; hinfallen
(to) **feed**	**fed**	**fed**	füttern
(to) **feel**	**felt**	**felt**	fühlen; sich fühlen
(to) **fight**	**fought**	**fought**	(be)kämpfen
(to) **find**	**found**	**found**	finden
(to) **fly**	**flew**	**flown**	fliegen
(to) **forbid**	**forbade**	**forbidden**	verbieten

infinitive	simple past	past participle	
(to) **forget**	**forgot**	**forgotten**	vergessen
(to) **freeze**	**froze**	**frozen**	(ge)frieren; zufrieren; einfrieren
(to) **get**	**got**	**got**	bekommen; holen; werden; gelangen
(to) **give**	**gave**	**given**	geben
(to) **go**	**went**	**gone** [ɒ]	gehen
(to) **grow**	**grew**	**grown**	wachsen; anbauen, anpflanzen
(to) **hang**	**hung**	**hung**	hängen
(to) **have**	**had**	**had**	haben
(to) **hear** [ɪə]	**heard** [ɜː]	**heard** [ɜː]	hören
(to) **hide** [aɪ]	**hid** [ɪ]	**hidden** [ɪ]	verstecken; sich verstecken
(to) **hit**	**hit**	**hit**	schlagen
(to) **hold**	**held**	**held**	halten
(to) **hurt**	**hurt**	**hurt**	schmerzen, wehtun; verletzen
(to) **keep**	**kept**	**kept**	behalten; aufheben, aufsparen; aufbewahren
(to) **kneel** [niːl]	**knelt** [nelt]	**knelt** [nelt]	knien

(to) **know** [nəʊ]	**knew** [njuː]	**known** [nəʊn]	wissen; kennen
(to) **lead** [iː]	**led**	**led**	führen, leiten
(to) **leave** [iː]	**left**	**left**	(weg)gehen; abfahren; (zurück)lassen; verlassen
(to) **lend sb. sth.**	**lent**	**lent**	jm. etwas leihen
(to) **let**	**let**	**let**	lassen
(to) **lie**	**lay**	**lain**	liegen
(to) **light** [aɪ]	**lit** [ɪ]	**lit** [ɪ]	anzünden
(to) **lose** [uː]	**lost** [ɒ]	**lost** [ɒ]	verlieren
(to) **make**	**made**	**made**	machen; herstellen
(to) **mean** [iː]	**meant** [e]	**meant** [e]	bedeuten; meinen
(to) **meet** [iː]	**met** [e]	**met**	treffen; sich treffen; kennenlernen
(to) **pay**	**paid**	**paid**	bezahlen
(to) **put**	**put**	**put**	(etwas wohin) tun, legen, stellen
(to) **read** [iː]	**read** [e]	**read** [e]	lesen
(to) **ride** [aɪ]	**rode**	**ridden** [ɪ]	reiten; (Rad) fahren

infinitive	simple past	past participle	
(to) **ring**	**rang**	**rung**	klingeln, läuten
(to) **rise up** [aɪ]	**rose**	**risen** [ɪ]	aufragen, emporragen; sich erheben
(to) **run**	**ran**	**run**	rennen, laufen
(to) **say** [eɪ]	**said** [e]	**said** [e]	sagen
(to) **see**	**saw**	**seen**	sehen
(to) **sell**	**sold**	**sold**	verkaufen
(to) **send**	**sent**	**sent**	schicken, senden
(to) **set sth. up**	**set**	**set**	etwas errichten, aufbauen; etwas arrangieren
(to) **sew** [əʊ]	**sewed** [əʊ]	**sewn** [əʊ]	nähen
(to) **shake**	**shook**	**shaken**	schütteln; zittern
(to) **shine**	**shone** [*BE:* ɒ, *AE:* əʊ]	**shone** [ɒ, əʊ]	scheinen *(Sonne)*
(to) **shoot** [uː]	**shot** [ɒ]	**shot** [ɒ]	schießen; erschießen
(to) **sing**	**sang**	**sung**	singen
(to) **sink**	**sank**	**sunk**	sinken
(to) **sit**	**sat**	**sat**	sitzen; sich setzen

(to) **sleep**	**slept**	**slept**	schlafen
(to) **speak** [iː]	**spoke**	**spoken**	sprechen
(to) **spend**	**spent**	**spent**	*(Zeit)* verbringen; *(Geld)* ausgeben
(to) **spin around**	**spun**	**spun**	sich (im Kreis) drehen; herumwirbeln
(to) **spread** [e]	**spread** [e]	**spread** [e]	ausbreiten, verbreiten; sich ausbreiten, verbreiten
(to) **stand**	**stood**	**stood**	stehen; sich (hin)stellen
(to) **steal**	**stole**	**stolen**	stehlen
(to) **stick**	**stuck**	**stuck**	stechen, stecken
(to) **swear** [eə]	**swore**	**sworn**	schwören
(to) **swim**	**swam**	**swum**	schwimmen
(to) **take**	**took**	**taken**	(mit)nehmen; (weg-, hin)bringen; dauern
(to) **teach**	**taught**	**taught**	unterrichten, lehren
(to) **tear** [teə]	**tore**	**torn**	reißen, zerreißen
(to) **tell**	**told**	**told**	erzählen, berichten
(to) **think**	**thought**	**thought**	denken, glauben

infinitive	simple past	past participle	
(to) **throw**	**threw**	**thrown**	werfen
(to) **tread** [e]	**trod**	**trodden**	treten
(to) **understand**	**understood**	**understood**	verstehen
(to) **wake up**	**woke up**	**woken up**	aufwachen; (auf)wecken
(to) **wear** [eə]	**wore** [ɔː]	**worn** [ɔː]	tragen *(Kleidung)*
(to) **win**	**won** [ʌ]	**won** [ʌ]	gewinnen
(to) **write**	**wrote**	**written**	schreiben

False friends (Falsche Freunde)

Es gibt einige Wörter, die im Englischen und Deutschen ähnlich klingen oder aussehen, aber eine ganz andere Bedeutung haben – sogenannte *false friends*.
Hier sind einige Beispiele:

English	German	German	English
also	= auch	also	= **so; Well …**
become	= werden	bekommen	= **get**
boot	= Stiefel	Boot	= **boat**
build	= bauen	bilden	= **make, form**
chips	= Pommes frites	Kartoffelchips	= **crisps**
fire	= Feuer	Feier	= **celebration**
kind	= freundlich	Kind	= **child**
handy	= praktisch	Handy	= **mobile**
listen	= zuhören	Listen	= **lists**
map	= Landkarte	Mappe	= **folder**
mist	= Nebel	Mist *(Unsinn)*	= **rubbish**
snake	= Schlange	Schnecke	= **snail**
stay	= bleiben	stehen	= **stand**
where	= wo	wer	= **who**
while	= während	weil	= **because**

> **TIP**
> Wenn du nicht sicher bist, ob du es vielleicht mit einem *false friend* zu tun hast, dann schau vorsichtshalber in einem guten Wörterbuch nach.

English sounds

[iː]	**gr**ee**n**, h**e**, s**ea**
[i]	happ**y**, monk**ey**
[ɪ]	b**i**g, **i**n, **e**xpensive
[e]	r**e**d, y**e**s, **a**gain, br**ea**kfast
[æ]	c**a**t, **a**nimal, **a**pple, bl**a**ck
[ɑː]	cl**a**ss, **a**sk, c**a**r, p**a**rk
[ɒ]	s**o**ng, **o**n, d**o**g, wh**a**t
[ɔː]	d**oo**r, **or**, b**a**ll, f**ou**r, m**or**ning
[uː]	bl**ue**, r**u**ler, t**oo**, tw**o**, y**ou**
[ʊ]	b**oo**k, g**oo**d, p**u**llover
[ʌ]	m**u**m, b**u**s, c**o**lour
[ɜː]	g**ir**l, **ear**ly, h**er**, w**or**k, T-sh**ir**t
[ə]	**a** partner, **a**gain, tod**ay**
[eɪ]	n**a**me, **eigh**t, pl**ay**, gr**ea**t
[aɪ]	t**i**me, r**igh**t, m**y**, **I**
[ɔɪ]	b**oy**, t**oi**let, n**oi**se
[əʊ]	**o**ld, n**o**, r**oa**d, yell**ow**
[aʊ]	t**ow**n, n**ow**, h**ou**se
[ɪə]	h**ere**, y**ear**, id**ea**
[eə]	wh**ere**, p**air**, sh**are**, th**eir**
[ʊə]	t**our**

[b]	**b**oat, ta**b**le, ver**b**
[p]	**p**ool, **p**aper, sho**p**
[d]	**d**ad, win**d**ow, goo**d**
[t]	**t**en, le**tt**er, a**t**
[g]	**g**ood, a**g**ain, ba**g**
[k]	**c**at, **k**itchen, ba**ck**
[m]	**m**um, **m**an, re**m**ember
[n]	**n**o, o**n**e, te**n**
[ŋ]	so**ng**, you**ng**, u**n**cle, tha**n**ks
[l]	he**ll**o, **l**ike, o**l**d, sma**ll**
[r]	**r**ed, **r**uler, f**r**iend, so**rr**y
[w]	**w**e, **wh**ere, **o**ne
[j]	**y**ou, **y**es, **u**niform
[f]	**f**amily, a**f**ter, lau**gh**
[v]	ri**v**er, **v**ery, se**v**en, ha**v**e
[s]	**s**ister, po**s**ter, ye**s**
[z]	plea**s**e, **z**oo, qui**z**, hi**s**, mu**s**ic
[ʃ]	**sh**op, sta**ti**on, Engli**sh**
[ʒ]	televi**s**ion, u**s**ually
[tʃ]	**t**eacher, **ch**ild, wa**tch**
[dʒ]	**G**ermany, **j**ob, pro**j**ect, oran**ge**
[θ]	**th**anks, **th**ree, ba**th**room
[ð]	**th**e, **th**is, fa**th**er, wi**th**
[h]	**h**ere, **wh**o, be**h**ind

The English alphabet

a	[eɪ]	**n**	[en]
b	[biː]	**o**	[əʊ]
c	[siː]	**p**	[piː]
d	[diː]	**q**	[kjuː]
e	[iː]	**r**	[ɑː]
f	[ef]	**s**	[es]
g	[dʒiː]	**t**	[tiː]
h	[eɪtʃ]	**u**	[juː]
i	[aɪ]	**v**	[viː]
j	[dʒeɪ]	**w**	['dʌbljuː]
k	[keɪ]	**x**	[eks]
l	[el]	**y**	[waɪ]
m	[em]	**z**	[zed]

Am besten kannst du dir die Aussprache der einzelnen Lautzeichen einprägen, wenn du dir zu jedem Zeichen ein einfaches Wort merkst –
das [iː] ist der **green**-Laut,
das [eɪ] ist der **name**-Laut usw.

English G Access · Band 5
Abschlussband für die 5-jährige Sekundarstufe 1

Vokabeltaschenbuch

Im Auftrag des Verlages herausgegeben von
Jörg Rademacher, Mannheim

Erarbeitet von
Uwe Tröger, Hannover

Layout und technische Umsetzung
Eric Gira, Ungermeyer, Berlin

Umschlaggestaltung
kleiner & bold, Berlin
hawemannundmosch, Berlin
klein & halm, Berlin

www.cornelsen.de
www.englishg.de/access

1. Auflage, 1. Druck 2017
Alle Drucke dieser Auflage sind inhaltlich unverändert und können im Unterricht nebeneinander verwendet werden.

© 2017 Cornelsen Verlag GmbH, Berlin

Druck: H. Heenemann, Berlin

ISBN 978-3-06-033749-1

PEFC zertifiziert
Dieses Produkt stammt aus nachhaltig bewirtschafteten Wäldern und kontrollierten Quellen.
www.pefc.de